Process of the Works　住宅の設計方法

Process of the Works　住宅の設計方法　　　　山田 誠一 ［著］

Ohmsha

はじめに

　一般に建物と呼ぶものが、建築なのではない。

　建築とは、建物（構築体）と他者（自然・事物・存在）との関係性の秩序
から見いだされる領域のようなものだと考えている。建築家は、建築設
計という思考の視点（プロセス）を通して、さまざまな要件を関係づける
建物（構築体）を導きだし、建築を求める。建築は目には見えないが、建物
を介することで、新たな発見や再認識の気づきを私たちに与え、感情の
喚起という驚異がそこに生まれる。

　—

　光栄なことに、手がけてきた建築を一冊の本として出版する機会をい
ただいた。喜ばしく思う一方で、建築家を志す学生や若い設計者の参考
になるのか一抹の不安があった。というのも、いままで建物を建てるた
めの実務的な経験しかなく、建築の思想や教育に触れる機会がほとんど
なかったからである。実務系の専門学校を卒業し、地方ゼネコンで現場
監督、その後、公共建築を主に手がける設計事務所に勤務しながら、建築
の思想や教育に触れてこなかったことを埋めるように、本を読み、実際
の建物を体験し、建築を想像し続けてきた。建築家になるにはもう手遅

れなのかもしれない、そんな不安を常に抱えながら、自分の内側にある感情や記憶から建築の思考をはじめていった。当初はとても稚拙なものだったが、誰かと比較することなく自分自身の思考を掘り下げていった経験は、やがて建築を求める源泉となっていった。その後、実務を経て独立し、クライアントや施工技術者、職人、同世代の建築家などと出会い、さまざまな影響を受けながら、いまも建築への思考は続いている。

　本書では、これまでの思考の変遷を「空間・構築・中庸・意志」という4つのテーマで捉えている。それらは時系列に考えてきたことではあるが、各テーマで取り上げている建築の完成時期とは必ずしも一致しない。それは各テーマが独立した建築への扉であると同時に、ひとつながりの螺旋の環のように捉えているからである。新たなプロジェクトのたびに思考のはじまりに立ち返り、各テーマを横断しながらアップデートを重ねている。

　建築へ向かうプロセスはひとつではない。多様に開かれた可能性を見いだし、どれを選択するかは自分自身を掘り下げた先の覚悟と決断による。「良い問いは、最良の答えよりも常に偉大なものである。」とルイス・カーンはいった。読者がこの本をひとつの問いと捉え、建築へ向かうそれぞれのプロセスを見いだしていく一助となれば幸いである。

目次

I. 空間 ｜ Atmosphere

　建築に興味をもちはじめた頃から、モダンで開放的な建築ではなく、闇を内包するような建築に強く惹かれていた。どちらかといえば、現代建築よりも近くにある無名の古民家や小屋群、京都・奈良などを中心とした古建築を見るのが好きだった。海外の建築も主に回廊や神殿、遺跡などの写真を眺めては、思いを馳せた。

　「闇を通過しない光は、本当の光ではない。」

　そういったのは画家の平野遼であるが、国や文化を問わず素晴らしい陰影をもつ建築には、感情を喚起し、記憶を呼び覚ます何かがある。

　建物は、屋根・壁・床で区切り機能を並べれば、ひとまずプラン（間取り）をつくることはできるが、求めているような空間はそう単純にはつくりだせない。与えられたプログラムの中でよりよいものをつくりだすことは最低限必要なことだが、さらにプログラム自体を再考することで、要望を超えた何かを実現する意志が必要だと考えている。

　建築家によってその内容はさまざまだが、住宅や木造設計の経験もなかった独立当初、目に見えない空間を純粋に真正面から捉えてみたいと考えていた。どうすれば、感情を喚起し記憶を呼び覚ますような空間をつくりだすことができるだろうか……。

　その糸口を掴むため、まず闇の存在と役割を分析することからはじめた。ここではいくつかの事例による闇の考察と発見を手がかりにつくりあげた3つの住宅を通して「空間」を思考していく。

事例による闇の考察

事例 1 ｜ 旧閑谷学校の講堂内

窓の障子から拡散したやわらかな光を取り入れる。あるいは障子を開け、空間に対して大きさを限定した開口部からの光を導き、暗い堂内の床を照らしている。明暗のコントラストの増幅によって空間内の輪郭が消失し、広がりと奥行きが生まれている。

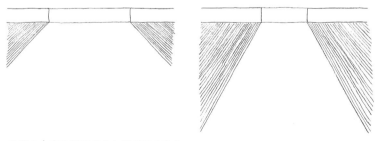

考察 1 ｜ 光を制限すると闇が深くなる

窓や障子などから光を限定して取り入れることで、明暗のコントラストが増幅し空間内の闇はさらに深くなる。部屋の輪郭は暗がりの中に消失し、一様に明るいだけの空間にはない広がりと奥行きが生まれる。

窓の大きさや位置、数、素材の質感と色彩によって、陰影のバランスは決定される。

事例 2 ｜ ル・トロネ修道院の回廊
彫りの深いアーチ状の開口部が、床の段差に合わせて高さを変化させながら均等
に連続する。高低差によって天井懐と腰壁が違う深さをもつため、場所によって
空間認識が変わってくる。

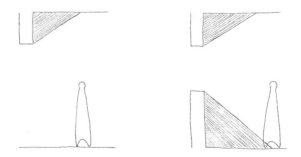

考察 2 ｜ 光と闇の比率で居場所を認識する
どのような窓をどの位置に設けるかということは、外部環境とのつながりだけ
でなく、空間内の光と闇の比率を考えることでもある。天井の高い空間に地窓
を設けると上部に闇が溜まり、高窓を設けると闇を通過する上部からの光が降
り注ぐ。前者は光の中に、後者は闇の中に人の居場所があり、空間の認識は大
きく変化する。

事例3 ｜ 江川邸の屋根架構

空間を構成する素材や用い方から、視覚的なスケール感覚が生まれる。

江川邸（江川家住宅）では、太さの違う連続する木架構によって長大な屋根空間を視覚的に認識することができる。

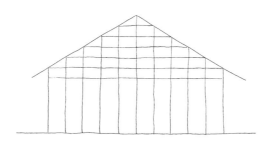

考察3 ｜ 素材のスケールが感覚に作用する

一般流通材によって空間が構成されていれば、その寸法体系を身体感覚の基準とすることで、空間の大きさを比較的容易に把握できる。部分的に材の寸法や大きさをずらすことで、空間の認識を変化させることも可能である。

一方で、左官塗りなどの一様な素材による面構成（天井や壁が同一の素材でシームレスに構成された面）の場合、空間のスケールを掴みにくくすることができる。

事例 4 ｜ ある日本家屋の座敷
高さの低いグリッド状の長押と、その間に広がる高い天井懐をもった座敷である。外部から差し込む低い光が床面の畳を照らし、内部にまで光の空間が差し込まれている。

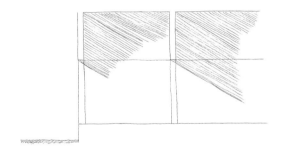

考察 4 ｜ 闇が空間を圧縮し、低い重心感覚をつくる
空間を低く押さえ込む部分（天井・垂壁・長押など）と、外部から差し込む光、暗がりとなる天井懐によって、上部の闇が複合的に意識化される。意識化された闇は、空間を床方向へ圧縮し、低い重心感覚をつくりだす。闇の大きさや位置、光の量を変化させれば、さまざまな重心感覚をつくりだすことができる。

闇溜まりの発見

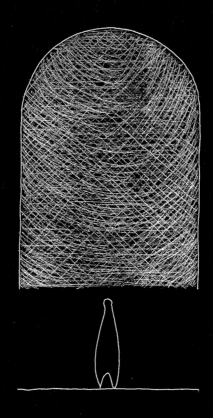

発見１｜闇溜まりの概念
いくつかの考察によって、闇の概念が見えてきた。はじめに闇があり、その中
に誰かがいる。そこにどのような光を取り入れるかを考えることで、闇を意識
化することができる。人を取り巻く意識化された闇を、ここでは「闇溜まり」
と名づける。考察で得た要素を主軸に複合的に検討し、闇溜まりをつくりだし
ていく。

「闇を通過しない光は、本当の光ではない。」

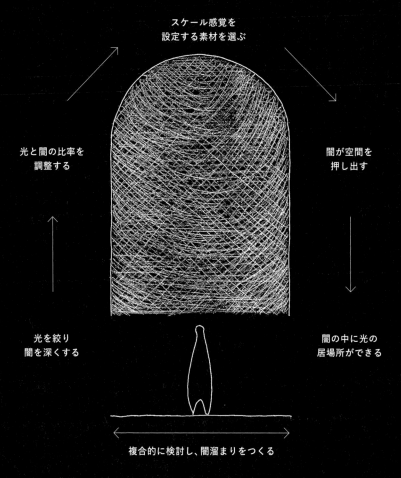

スケール感覚を
設定する素材を選ぶ

光と闇の比率を
調整する

闇が空間を
押し出す

光を絞り
闇を深くする

闇の中に光の
居場所ができる

複合的に検討し、闇溜まりをつくる

発見2｜闇溜まりが引き起こす作用
空間に差し込む光を限定することで闇を深くし、天井懐の奥行きによって光と闇の比率を調整する。空間の大きさや求められる質などから素材を選定し、空間に対するスケール感覚を設定する。闇と光の境界ラインや家具の高さ、場所ごとの目線の高さなどを揃えていくことで、その空間にふさわしい重心をつくる。これらを複合的に検討していくことで、機能性とは別の時空にある「闇溜まり」が生まれ、言葉を超えた静謐な空気感がつくられる。
次ページからは、実際に手がけた住宅を前提として、闇溜まりについて解説する。

闇溜まりをつくる｜富里の家

1F 平面図

2F 平面図

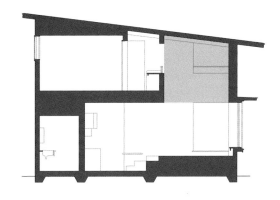

断面図

前提条件

若い夫婦のための小さな住まいの計画である。方位による日照や眺望などをふ
まえた上で、土間と板間で構成した前提となるプランを下敷きに考える。

闇溜まりの実践

光の状態、各部分のつながりと気積、重心を内部から整えて積み上げていくこ
とで、「闇溜まり」をつくりだす。闇溜まりが生まれることで全体が統合され、
空間に陰影と奥行きが生まれる。

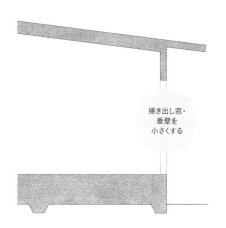

（一般的なセオリー）

掃き出し窓・
垂壁を
小さくする

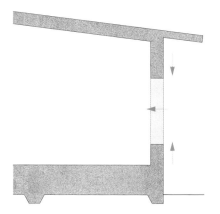

1 窓を小さくし、壁に厚みをもたせる

闇を溜める

居間の中心に南面する大きな窓を設ければ、眺望や建物内への明るい日差しを
得ることができる。一般的なセオリーとしては間違っていないが、コンパクト
な空間を安易に光で満たしてしまうと、空間はより小さく窮屈に感じられる。
そこで、空間の広さに対する窓の割合を小さくして壁に厚みをもたせ、側面に
のみテーパーを設ける。すると、光は窓辺に溜まりながら低く水平に広がり、
上部への光は絞られて暗がりが残される。その陰影が空間に奥行きと広がりを
与える。

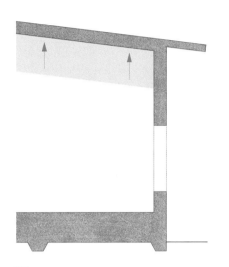

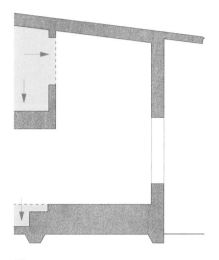

2 　天井を高くして暗がりを深くする

3 　2階をせり出し、1階の床を下げる

大きな天井懐と眠りのための暗がり

窓から差す光の方向を制限することで上部に暗がりが生まれたが、より大きな
天井懐となるよう、さらに天井を高くする。そして、その暗がりへせり出すよう
に2階部分を設け、直下となる1階部分の床を下げる。そうすることで、1階の
板間から奥の土間への斜め方向のつながりが生まれ、低く水平に広がる窓から
の光が空間を満たす。また、主に寝室となる2階を暗がりとすることで、静かな
眠りのための空間をつくりだした。

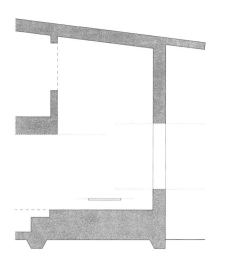

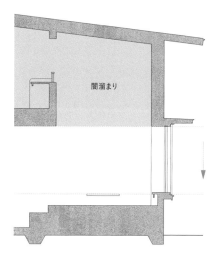

4 　窓と天井や家具のライン（重心）を整える

5 　空間は下方向に圧縮され闇溜まりを生む

空間の重心を整える

窓の大きさと位置、天井高さ、家具の大きさや厚さなどを揃えていくことで、座の空間である板間と、椅子座である土間の視線の高さを近づけ、重心を整えていく。窓と天井のラインが揃うことで、窓からの光と天井懐の暗がりに見えない境界が生まれ、深い「闇溜まり」となる。闇が意識化されたことで空間は下方向に圧縮され、窓からの低い光とともに空間全体の重心をつくりあげる。

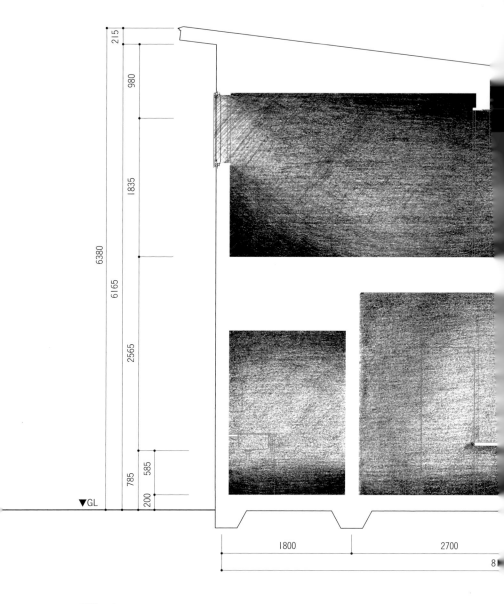

素材の力

空間に豊かな奥行きを与えるには、素材の力が必要不可欠である。空間の気積
が小さい場合には、スケールの掴みにくい素材の選定とディテールを採用する
方が適している。ここでは、最上部の天井以外を左官仕上げとし、板間の床材

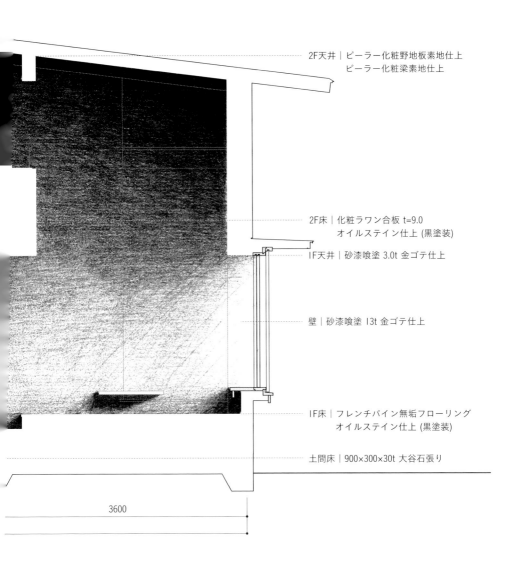

2F天井｜ピーラー化粧野地板素地仕上
　　　　　ピーラー化粧梁素地仕上

2F床｜化粧ラワン合板 t=9.0
　　　　オイルステイン仕上 (黒塗装)

IF天井｜砂漆喰塗 3.0t 金ゴテ仕上

壁｜砂漆喰塗 l3t 金ゴテ仕上

IF床｜フレンチパイン無垢フローリング
　　　　オイルステイン仕上 (黒塗装)

土間床｜900×300×30t 大谷石張り

3600

は段差となる部分以外を黒塗装、土間は石の目地を埋めない突付張りとすることで、全体のスケールを曖昧にしつつ、空間に自然素材の質感をもたせた。光を受けた自然素材は、それぞれの質感とともに豊かな陰影をつくる。

暗い場所と明るい場所を巡るシークエンス｜加茂の家

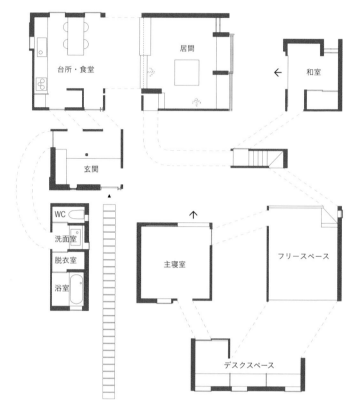

円を描くように巡る諸室の関係性

前提条件
住宅と畑が混在する古い街区を再編し新たに開発された土地である。近い将来、周辺に新しい住宅が建ち並ぶことや、隣地に建つマンションからの視線を考慮して、低い軒をもつ落ち着きのある佇まいのプランを前提に考える。

闇溜まりとシークエンス
富里の家と同様、「闇溜まり」を起点としながら、平面プランを四分割してそれぞれに床レベルを与える。1階から2階へ円を描くようなシークエンスをつくりだすことで、空間の立体的な展開を試みる。

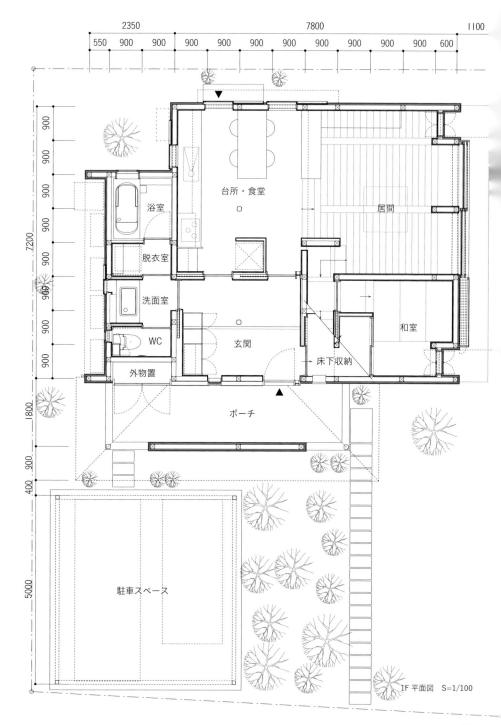

2350 7800 1100

550 900 900 900 900 900 900 900 900 900 600

900
900
900
900
900
7200
900
900
900
900
900

台所・食堂

浴室

脱衣室

洗面室

WC

外物置

玄関

居間

和室

床下収納

ポーチ

1800
900
400

5000

駐車スペース

1F 平面図　S=1/100

30

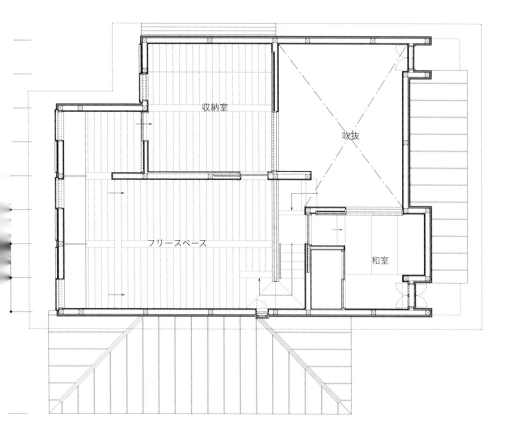

2350	7800	1100

550	900	900	900	900	900	900	900	900	900	900	600

収納室

吹抜

フリースペース

和室

2F 平面図　S=1/100

1 2

闇溜まりと空間の立体的展開
闇溜まりを中心に空間は暗がりに包まれているが、穴を穿つように設けられた
彫りの深い窓からの光や、北窓のやわらかな光、スタンド照明などの小さな灯
りが点在する。階調ある闇の中で、光を巡るシークエンスが浮かび上がる。

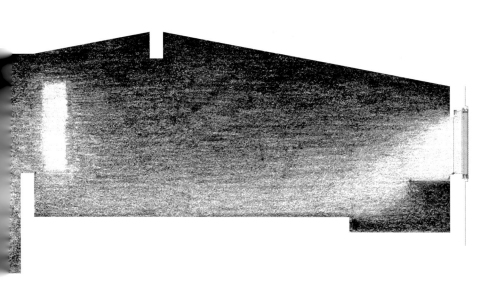

3   4

平面と高さ方向に動きをつくる

階段途中に和室、2階の奥まったスペースに家族共有のデスクスペースを挿入する。居間の闇溜まりをシークエンスの起点として、1階各スペース・中間階の和室・2階ホール・寝室・デスクスペースと、空間全体に回遊性をもたせ、平面・高さ方向それぞれに動きをつくりだす。

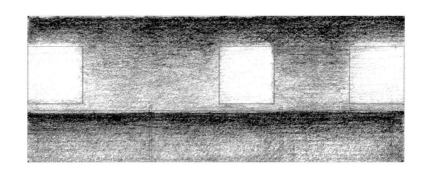

5

暗がりの奥の光
寝室の先に、北向き窓のやわらかな光に包まれた家族共有のデスクスペースが
ある。プライベートな空間の奥に家族だけに開かれた明るい場所を設けること
で、低く抑えられた空間は閉塞することなく、より伸びやかなものとなる。

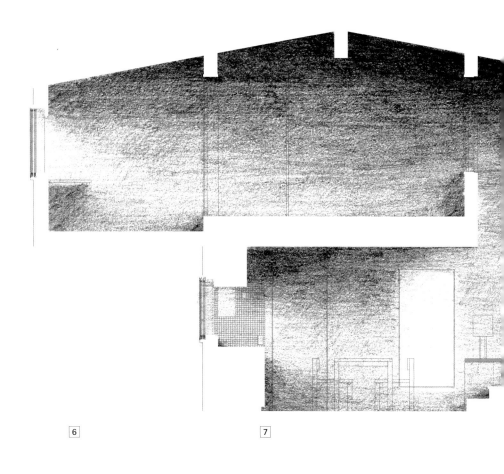

6 7

暗闇にとどまる

夜になれば闇の中にとどまり、静かな眠りを求める。朝、目覚めると光のある
場所へ自然と家族が集まる。光と闇が暮らしを包み込み、時間や季節の移ろい
がより身近なものとなる。

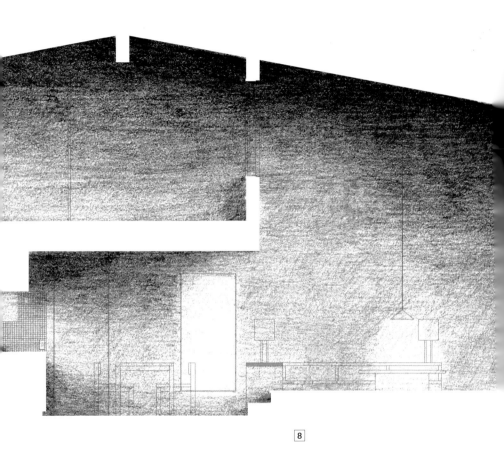

8

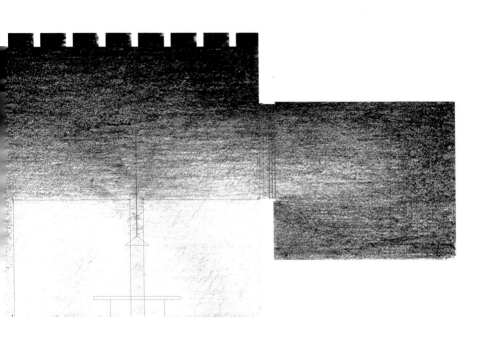

9

光と闇のシークエンス
空間全体が暗がりに包まれる。各所に散らばった光を巡るように、住人は時間
や季節によって移動してはとどまる、を繰り返す。光と闇を巡るシークエンス
の中に暮らしがあり、日々の豊かな記憶が空間に宿っていく。

1 闇溜まりをもつ居間。中間階の和室を介してつながる。

3 中間階の和室は、大きな開口を通して居間・食堂とつながる。

4 5 2階にある家族共有のデスクスペース。北窓のやわらかな光に満たされている。

6　2階・主寝室。北側にある共有のデスクスペースとつながっている。

7 8　食堂から居間を見る。

2 9 居間から、食堂、台所、2階の主寝室を見る。各居場所が闇溜まりを中心につながっている。

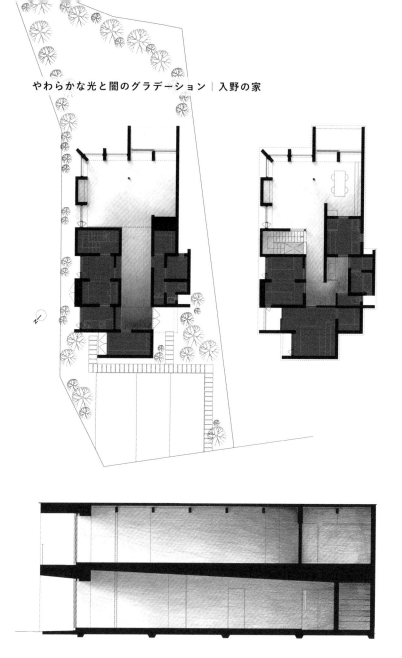

やわらかな光と闇のグラデーション｜入野の家

前提条件

高台に建つフォトスタジオを併設した住宅である。地域特有の強風やプライバシーへの配慮とともに、風景を最大限享受する住まいが求められた。

闇溜まりを引き延ばす
闇の中に埋没して光を求めてきた闇溜まりを、風景に向かってトンネル状に引
き延ばすことで、やわらかな光と闇のグラデーションをもった空間をつくる。
空間構成を各階で統一しつつ、住まいとスタジオそれぞれに求められる空間の
質を寸法と素材によって与える。

光と闇のグラデーション

闇溜まりを引き延ばし、風景に向かってパノラマ状に広がる空間をつくる。1階はフォトスタジオでの撮影の背景となるように空間全体を砂漆喰で仕上げ、天井が風景に向かって徐々に高くなる。開口部は高さと奥行きを統一した垂壁を設けることで、光に向かいながら同時に闇溜まりをつくりだす。こうして空間全体にやわらかな光と闇のグラデーションが生まれる。

2F リビングスペース

1F スタジオ

空間の質を変化させる

1階スタジオと2階住居の主要部はほぼ同じ空間構成としているが、用途から求められる空間の質に合わせて、素材と高さ寸法を変化させている。2階は壁仕上げを砂漆喰に、それ以外を樹種や色味を統一した木仕上げとし、住まいとしての居心地を考慮して空間の重心を下げ、アンティーク家具と調和した温かな落ちつきをつくりだしている。

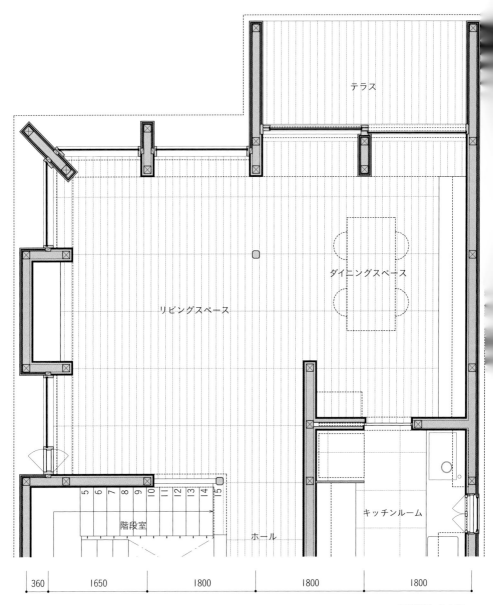

テラス

ダイニングスペース

リビングスペース

階段室

ホール

キッチンルーム

| 5 | 6 | 7 | 8 | 9 | 10 | 11 | 12 | 13 | 14 | 15 |

| 360 | 1650 | 1800 | 1800 | 1800 |

2F 平面図　S=1/60

A 屋根
カラー GL 鋼板 0.5t
立ハゼ葺き工法（先端鋭角折曲加工共）
AS ルーフィング 940
構造用合板 24t
垂木 45×90@450（垂木間｜断熱材 80t 充填）

B 外壁
ラスモルタル掻き落とし仕上 20t
構造用合板 9.0t
通気胴縁 15t
透湿防水シート
構造用合板 9.0t
断熱材 100t

C 内壁
砂漆喰塗仕上 10.5t（出隅 6R・白砂配合）
PB 9.5t

D 2階天井
W75×12t 米松ピーラー羽目板張り仕上 OF
化粧垂木 45×90@300 米松ピーラー OF
化粧登梁 120×240 米松ピーラー OF

E 2階床
W75×12t チェリー材複合フローリング OF
一部 CF ボードヒーター 0.7t 敷設
構造用合板 9.0t+24t

F 1階天井
砂漆喰塗仕上 6.0t（出隅 6R・白砂配合）
PB 9.5t

G 1階床
土間コンクリート 110t 金ゴテ HP
スタイロフォーム 40t
土間コンクリート
ポリエチレンフィルム 0.5t 二重敷込
砕石 100t

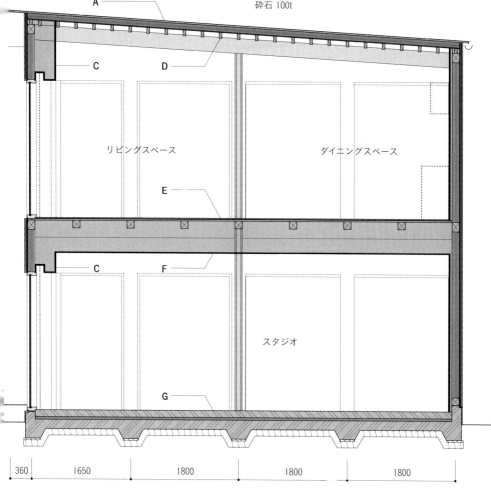

リビングスペース　　ダイニングスペース

スタジオ

| 360 | 1650 | 1800 | 1800 | 1800 |

断面図　S=1/60

外部環境への意識

南東に広がる湖とまちへの眺望を獲得することを起点として、パノラマに並ぶ開口部と放射状の壁、トンネル状に引き延ばされた闇溜まりが生まれた。空間は内部で完結することなく、窓から外の風景へ意識を向かわせる。内部空間から生まれた思考プロセスが、外部環境を求めてあふれだす。

II. 構築 | Structure

　建築は、その場所を切り取って別の環境をつくるものと、環境と地続きのものに大別できる。I章では、建物内部から全体を捉えることで陰影のある空間をつくりだしたが、それは前者の性質が強い。外部環境と異なる空気感をもった建築は、シークエンスとともにさまざまな空間体験ができるし、環境と一体となった建築は、環境そのものをよりダイレクトに体感することができる。そこに優劣はなく、美術館と学校で求められる性質が異なるように、広範な思考によって建築の在り方を決定していく必要がある。基本的に住宅も同様であるが、用途や法令による制限が少なく、規模も小さいため、より思考の自由度が高い。ただ、クライアントの誰もが住宅を実際に経験し、機能や間取りへのさまざまな願望や、建物に対する固有のイメージを有していることから、それらをひとつにまとめていく難しさがある。

　ここまで建物内部からの思考を重ねてきたことで、空間への手応えと可能性を実感することができた一方で、プロセスの中にはクライアントと共有しがたいような制約があることも知った。たとえば陰影をつくるために窓の大きさを絞ることや、空間内に明暗の場所をつくることなどは、完成形を確認してもらえれば納得してもらえることも、設計中ではどうしても伝わりにくい。I章の各事例では、スケッチや模型などで何度も説明し理解を得ることができたが、一方向の思考だけでは限界があることも痛感した。

　そこで、土地の風土や地形、近年増加する突発的な災害や気候変動、社会情勢など、外部環境から固有の特徴や問題点を見いだし、同時に、個別要件であるクライアントの願望や経済性などを積み上げ、共有できる設計プロセスによって建築をつくりたいと考えた。

　世界遺産内の景勝地、開かれた斜面地、住宅が建て込む市街地、それぞれの環境のもつ必然性を見いだし、建築を「構築」する。

軸線を拡張し、つなげる｜三保松原の住宅と店舗

©Google Earth

敷地条件

計画地は、富士山を仰ぎ、万葉の昔から知られた景勝地として世界遺産となった三保松原である。天女が羽衣をかけたといわれる羽衣の松から御穂神社までを、樹齢200年以上の巨大な松並木が一直線に連続する「神の道」が結ぶ。

その道に面して計画地はあり、毎日多くの観光客が往来するが、壁のように聳える松並木によって神の道と分断されている。また建設当時は世界遺産内に含まれたため、国立公園としての要件を満たしつつ計画する必要があった。

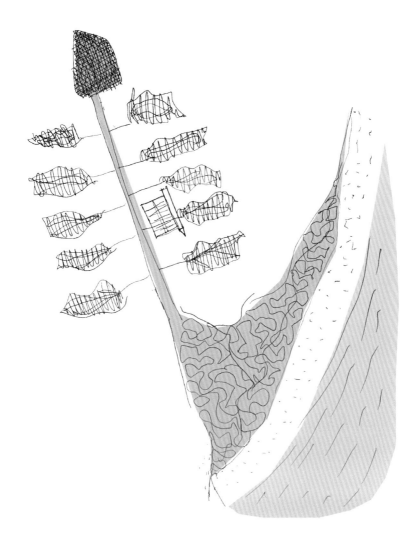

軸線を拡張し、つなげる

新たな観光資源となるドッグランを併設したガーデンカフェの計画である。神
の道の壁のような松並木を和らげて人を引き込むための印象づくりと、ガーデン
カフェとの接続の仕方を考える必要がある。神の道から開放的なカフェスペース、
緑豊かなガーデンテラスへ、軸線を拡張しつなぐことを主軸に、構成、素材、
架構、経済性などを複合的に検討していく。

神の道と呼ばれるデッキ通路が、三保松原と御穂神社を一直線に結ぶ。
通路の両脇には、20m近い松並木が壁のように続く。

リサーチ1 |
松の配置は規則的な直線というわけではなく、雁行したり、海風などの影響に
よってねじれていたり、中央の通路を横断しているものもある。

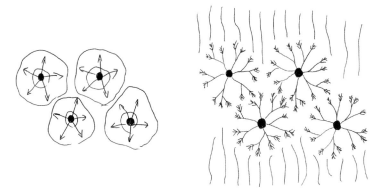

考察1 |
神の道にある松並木は、規則的でありつつもルーズに植えられていて、
一本一本が自由に成長している。不規則に連続しながらも、枝葉の密度
や圧倒的なスケールから、壁のような印象を受ける。人は神の道を歩い
て計画地の前を通過するわけだが、壁のような松の隙間から、建物と人
をつなげる方法を考える必要がある。

リサーチ 2 ｜雁行する三保松原の松林
松が互い違いにずれながら人を導く。枝間から見える砂浜と海の青さが強調され、視界に迫ってくる。

事例 1 ｜円通寺
柱のように立つ庭の樹木によって、建物が庭へ拡張される（内部空間の拡張）。

事例 2 ｜ 蓮華寺

縁側の消失する柱によって、庭が建物内に引き込まれる（外部空間の拡張）。

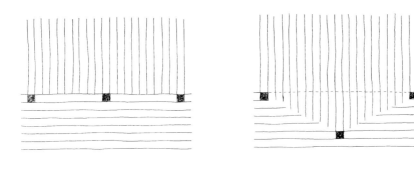

考察 2 ｜

柱が均等に並ぶと境界が生まれ、その柱がずれると境界線が曖昧になる。神の
道や三保松原の松林、事例分析からの発見を建築に取り入れる。

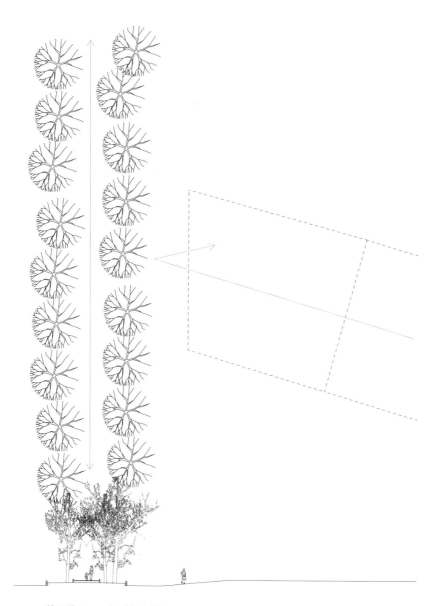

神の道とのつながりを考える

神の道の軸線の強さとともに、連続する巨大な松並木が敷地に対して壁のように立ち塞がる。緑を享受するはずの建物が、設計次第では道に対峙するような閉鎖的な印象をもつものになりかねない。神の道を含めた三保松原の環境、開放的なカフェスペースと緑豊かなガーデンテラスを最大限享受できる接続の仕方を検討し、往来する人たちを導きたい。

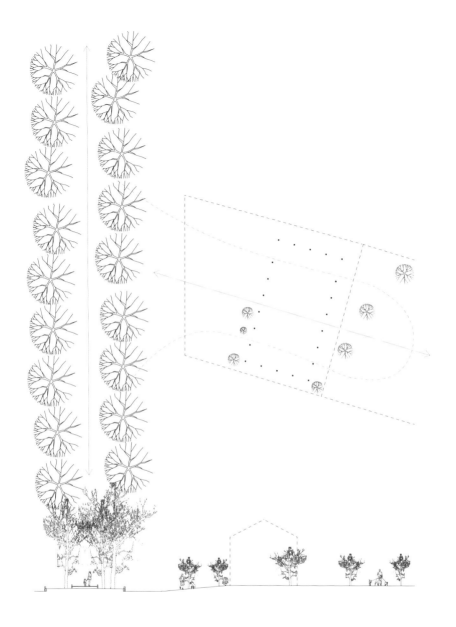

透けるグリッド

神の道の直線的な軸線を敷地側へ拡張するため、単純な透けるグリッドを考え
る。神の道を歩く人たちの視線が、松並木からカフェスペースを抜け、ガーデン
テラスまで連続的につながる空間をつくりだす。

ゾーニング

1階を店舗、2階を住居として外部環境との関係を等価に扱うことで、どこにいても風景を享受できる空間を考える。

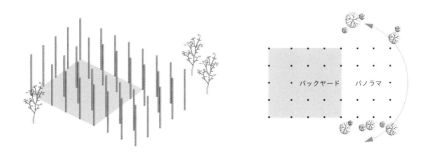

1　1階は一部をバックヤードとし、残りをパノラマ状に風景が見渡せる店舗スペースとする。

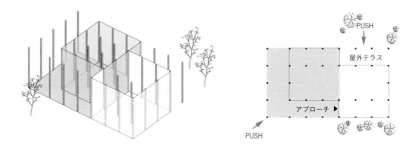

2　壁の一部をグリッドからセットバックさせ、アプローチとテラス空間を設けて建物グリッドに外部空間を挿入する。

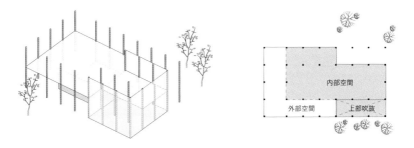

3　アプローチから店舗スペースへ入ると、上部の吹き抜けから松並木への縦方向の抜けと、外部空間との一体的な連続性が感じられる。

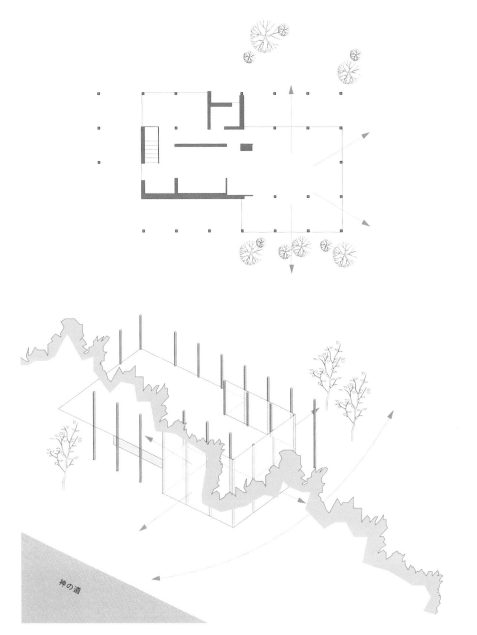

4

単純なグリッドを基準に各スペースと外部環境を等価にゾーニングすることで、
神の道とテラスを水平につなぎ松並木を見上げる、連続した風景の素形が生ま
れた。

神の道と松並木をのぞむ水平・垂直方向の連続した風景。

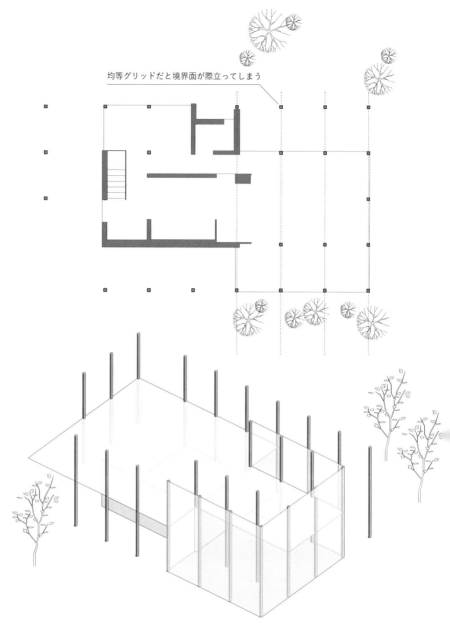

均等グリッドだと境界面が際立ってしまう

1 均等グリッドで考える

均等グリッドに柱を立て、透過する水平な連続性によって神の道の軸線を拡張し、接続することを考えてきた。松並木との透過する関係性が生まれつつあるが、柱グリッドの規則性が強すぎることで、建物の境界面が際立ってしまっている。

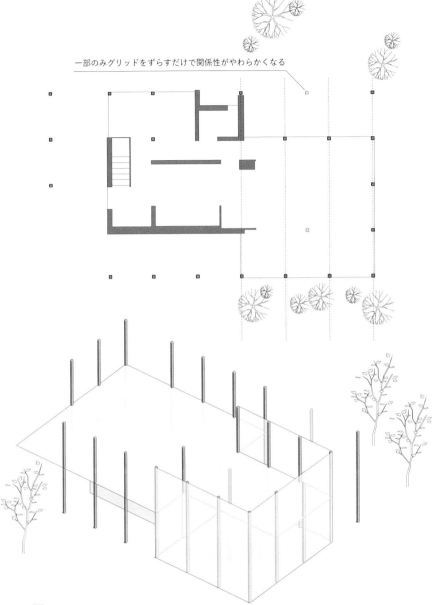

一部のみグリッドをずらすだけで関係性がやわらかくなる

2　外部環境を引き込む架構

リサーチと考察(p.63参照)をふまえて、基本的な柱グリッドを保ったまま柱スパンの一部をずらし雁行させる。ほんの少しの操作ではあるが、これによって柱の構築性が弱まり、庭や松並木との距離感が変わって見えてくる。柱グリッドをずらすことで、松並木と内部空間、中庭の引き寄せ合う関係性が生まれる。

引違いアルミサッシ

連窓のつくり方
規格サイズの引違いアルミサッシによる連窓で建物を覆い、敷地内外の視線を
透過させる。

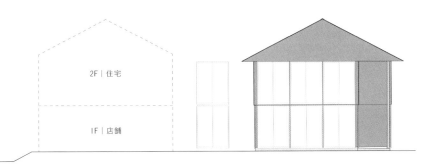

2F | 住宅

1F | 店舗

等価な空間

1・2階の用途の違いによって建物内外の関係性を明確に分離したり変化させる
のではなく、建物全体を等価に扱うことで環境そのものを浮かび上がらせる。

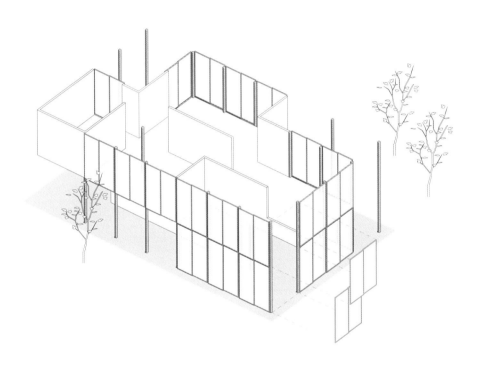

外皮としての連窓サッシ

建物を透過させ、神の道・内部空間・中庭が視線によってつながる状態をつく
る。規格サイズのアルミサッシを縦横方向に展開した連窓をつくり、1階店舗
と2階住居の主要な境界面を覆うことで、松並木と庭を最大限享受することが
できる。また、アルミサッシの規格サイズから合理的な階高や天井高を同時に
割り出すことで、建物コストを大幅に抑えている。

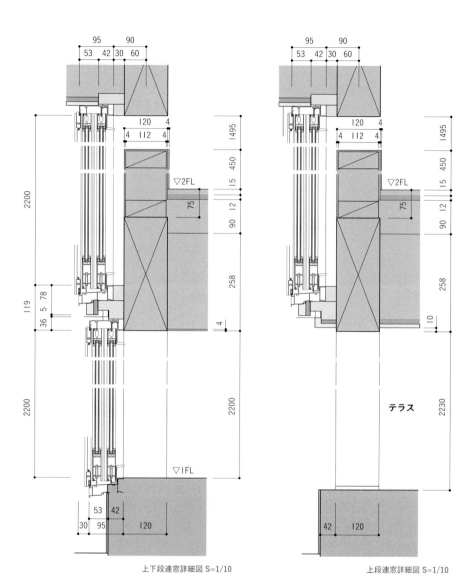

上下段連窓詳細図 S=1/10　　　　　　　　上段連窓詳細図 S=1/10

連窓のディテール

アルミサッシを縦横方向に展開し連窓をつくる。サッシはすべて同寸の規格サイズを採用し、カーテンウォールのように躯体から持ち出して取り付けている。上段サッシは躯体に干渉しない位置まで突き出させることで、スラブの厚みを消しつつ雨仕舞いの問題を同時に解決するほか、フラットになりがちな連窓の表情に陰影を与えている。

神の道

構築

神の道からカフェスペースとガーデンテラスをつなぐ一連の関係性は、ガラスに
よって視覚的につなげるだけでは決して得られない。柱グリッドへの考察、既製
アルミサッシによる連窓の採用とディテールの検討、架構等の経済的合理性など
を複合して検討することで、神の道を拡張するたしかな関係性は築かれる。

地形への対応｜金谷南町の家

©Google Earth

敷地条件

計画地は、土地の古い部分と新しい部分、地形を貫くように流れる一級河川、変わらない山の稜線など、長い時間をかけて混ざり合い形成されたひとつのまちを風景として感じられる高台に位置する。土地は道路からひな壇状に傾斜しながら開かれ、台風や強風などの被害が比較的多い地域である。地形に合わせてうねるように積まれた川石の塀は、調査結果から構造耐力を期待できるものではなかったが、安全なものにつくり替えたり、敷地全体を造成するには、予算の問題とともにこの場所の魅力を削ぐことになることが懸念された。

地形への対応
クモが糸を使ってさまざまな場所に巣を張るように、架構によって地形に対応
する住まいを考える。地形に合わせた基礎と架構とともに、流通材利用による
経済性、土地のもつ歴史の継承、気候条件などに対する更新性、クライアント
の求める将来的な活用などを複合的に検討していく。

リサーチ |

A−Fは、建物を設計する際に考えた主要な6つの要素である。最初からこの
ようなはっきりとした道筋が見えるわけではないが、リサーチや検討を何度も
重ねることで、これらの要素を明確にしながらひとつずつ整理していく。

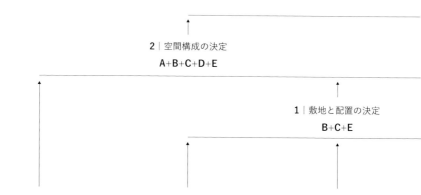

2 | 空間構成の決定
A+B+C+D+E

1 | 敷地と配置の決定
B+C+E

A | 風景

敷地からはまちや河川、遠方の山々
が一望できる。この環境を最大限
感じられるような空間を考えたい。

B | ひな壇状敷地

既存石垣によって段状につくられ
た敷地である。建物の建つ安定
地盤面の設定とともに、段差（崖）
に対する何らかの処置や、崩れた
場合を想定した平地との関係を
考える必要がある。

C | 石垣

敷地周辺には、川石を使った古い
石垣が多く残っている。場所や生
活の記憶を継承する意味でもな
るべく残していきたいが、石垣
の構造耐力が期待できないため、
段差（崖）に対する何らかの処置
が必要になる。

金谷南町の家

4 ｜ 自然環境と強度
A+B+C+D+E+F

3 ｜ 架構
A+B+C+D+E

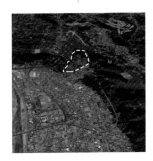

D ｜ 必要要件
敷地状況、法令、クライアントの要望から必要な規模や要素を考える。主要な要望として、将来的な家族の変化やお店の開業を視野に入れ、建物全体をフレキシブルに活用できるプランを求められた。

E ｜ 建設コスト・材料
与えられた建設コストから建物を構成する材料を選定する。構造材の仕様、サイズ、組み方、仕上げなど、材料の特性を見極めながら検討していく。

F ｜ 気候・自然環境
台風やゲリラ豪雨など、周辺地域での近年の被害状況から求められる仕様や性能を検討する。また斜面地や石垣（崖）をふまえた基礎形状を合わせて決定していく。

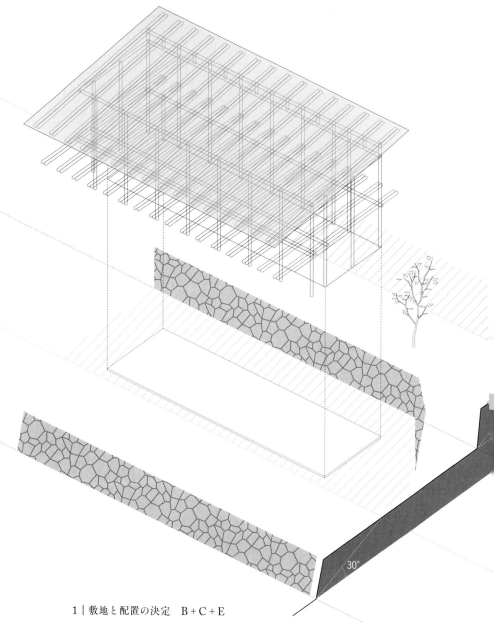

30°

1 | 敷地と配置の決定　B＋C＋E

造成による建設コストを抑えることと、この場所の風景をなるべく残すことを
考え、既存の石垣には極力手を加えることをやめる。万が一、崖が崩れた場合
に影響のない平地の範囲を割り出すことで、建物のフットプリントとなる基礎
範囲を決定する。建物の基礎は、崖の安息角30°以内に定着させて土地に安定
させる。

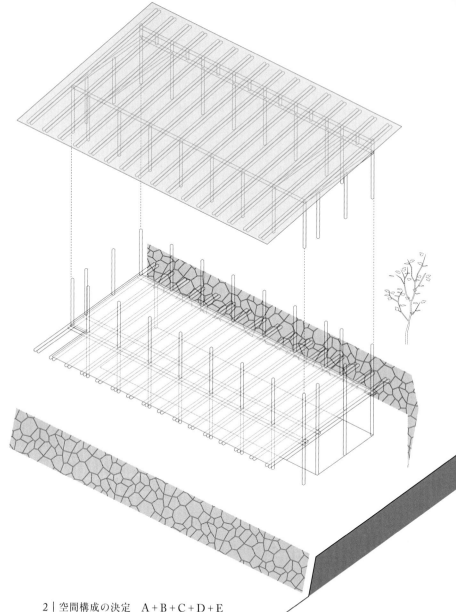

2 | 空間構成の決定　A + B + C + D + E

建物基礎の最大範囲、風景の最大限享受、既存石垣に影響のない石垣上段から
の主要アプローチ、クライアントからの要望等をふまえてプランを決定する。
1階には基礎の範囲内に寝室と多目的な土間スペースを設け、2階は一部を跳
ね出すことでオープンスペースとサニタリー、和室、テラス、アプローチを設
けている。

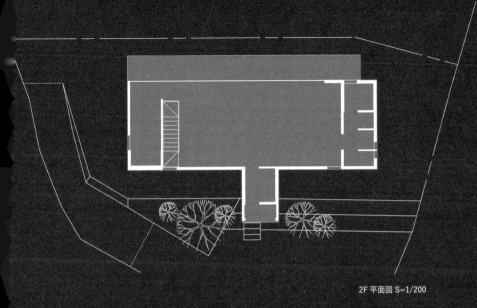

2F 平面図 S=1/200

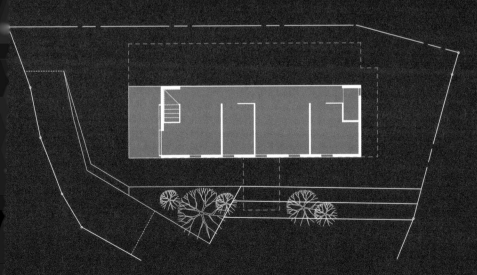

1F 平面図 S=1/200

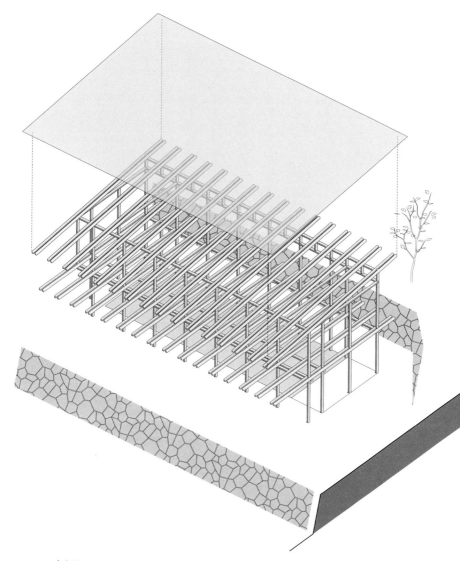

3 | 架構　A + B + C + D + E

120角のヒノキ材のみで架構をつくる。通常の在来工法を下敷きに、材を井形に組むことで空間を跳ね出させて2階の各スペースを構成し、1・2階ともにワンルームとなる架構をつくりだす。すべての材を120角とすると材積は通常の住宅の2倍近くになるが、全体コストは約20〜30%程度削減している。

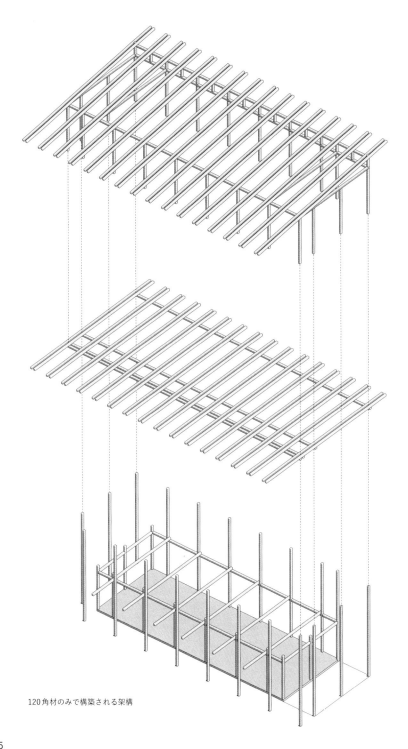

120角材のみで構築される架構

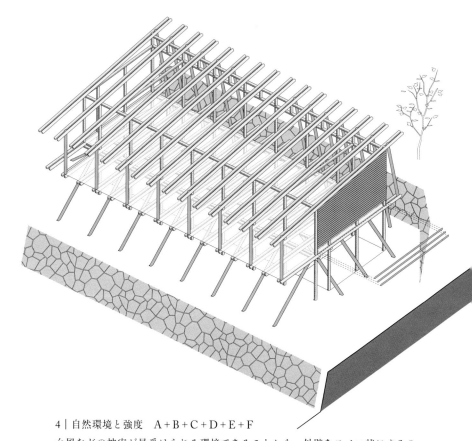

4｜自然環境と強度　A＋B＋C＋D＋E＋F

台風などの被害が見受けられる環境であることから、外壁をスノコ状にすることで強風や温熱環境から躯体を守るとともに、被害があった場合に外壁材を一枚単位で更新できる仕様としている。また斜材等を設けることで、架構全体のねじれを抑えて土地にしっかりと定着させ、強風によるあおりや崖崩れなどの被害にも耐えうる構造としている。

既存石垣の上に建つ（北側からの眺め）。

外壁と同じように斜材も一本単位での交換が可能である。

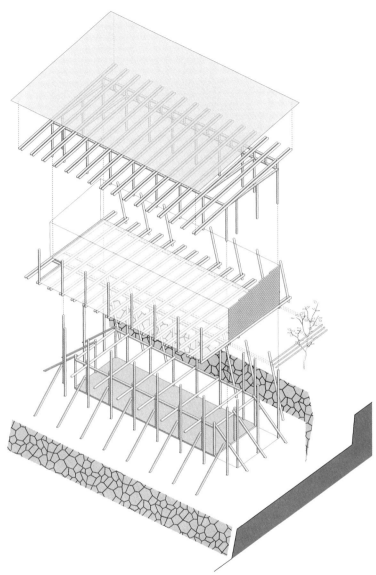

構築

目の前に広がるまちの風景、ひな壇状の敷地、風土をつくる石垣、法令等の必要
条件とクライアントの願望、建設コストと材料、気候や自然環境という6つの要素
を導きだし、それぞれを組み合わせながら思考を重ねていくと、すべてが肯定さ
れていくひとつの道筋が見えてきた。この土地を起因とした各要素によって建
築を構築することで、この場所そのものを見いだすことができたと感じている。

外部環境に再接続する｜本郷町の家

© Google Earth

敷地条件

密集する住宅地に建物を計画する場合、往々にして隣家が敷地境界線近くまで
迫っている。そのため、窓を思うように開けることができなかったり、建物の
影になってしまって日照や通風が十分に得られないということが考えられる。
道路に面する側では、騒音や安全性、プライバシー、車の駐車スペースなどを
考慮する必要がある。また、近年多発する想定外の災害に対する対応を求めら
れるケースも増えてきている。これらの要件に折り合いをつけながら重ねてい
くと、おおよその配置や建ち方が決まってしまい、結果、画一的でどこにでも
あるような住宅地の一角をつくってしまうことにつながりかねない。

まちとのつながりを整理する

住宅密集地のネガティブな環境を一旦遮断し、外部環境に大きく影響されない
理想的な空間を設定する。建物内部を均質な光で満たし、外からの視線や騒音
などを遮断する。ゲリラ豪雨などの水害に備えて建物を地面から持ち上げ、外
部環境から遮断された理想的な空間をつくる。そして、その理想的な空間を人
にとって理想的な居場所へと昇華するため、外部環境に「再接続」する。日照
や通風、騒音やプライバシーなどの外部環境とのつながり方と、空間内の光の
満たし方を整え、その場所にふさわしい建築を「構築」する。

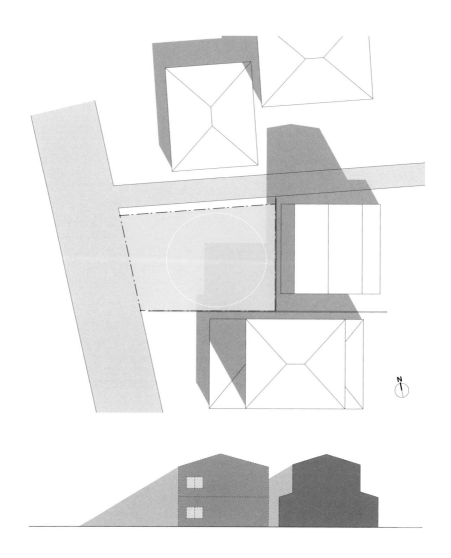

1 密集した住宅地の課題

計画地は住宅が密集する角地で、隣家が敷地境界線近くまで迫っている。道路
は、狭い幅員に反して車や人の往来が多い。道路からの騒音や安全性、プライ
バシー、車の駐車スペースなどを考慮すると、自ずと隣家に近接した範囲が建
物配置となる。すると、隣家が近いため窓が開けられなかったり、建物の影に
なってしまって日照や通風が十分に得られないということが考えられる。

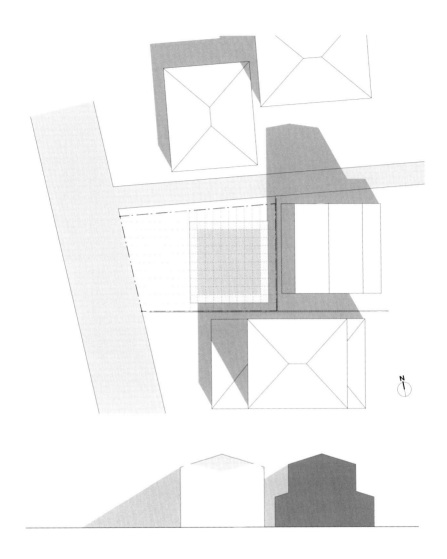

2 　外部環境に大きく影響されない理想的な空間

住宅密集地のネガティブな環境を一旦遮断し、外部環境に大きく影響されない
理想的な空間を設定する。建物内部を周辺環境に左右されない光で満たすため、
窓の代わりに方位によらないトップライトを屋根の四辺に設ける。空間が均質
で明るい場となるように、均等グリッドによってできた正方形平面のワンルーム
とし、トラスによって大きな気積を支える。

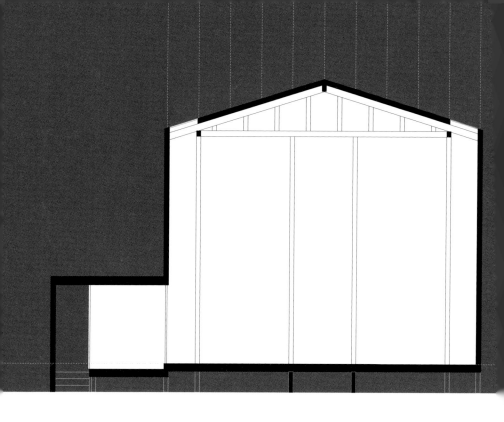

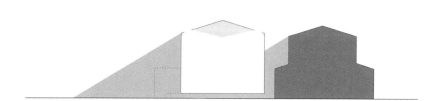

3 建物を浮かす

計画地は水害想定地域には指定されていないが、数年前、実際に近隣の地域で想定外の水害が起こっていることから「水害に対して考慮してほしい」という要望があった。そこで、構造的に最低限必要な基礎以外を550mmほど浮かして床下を開放し、主要な設備機器を壁面に取り付け、床下浸水による被害を最小限とする。こうして、外部環境に影響されない理想的な空間の設定が完成する。

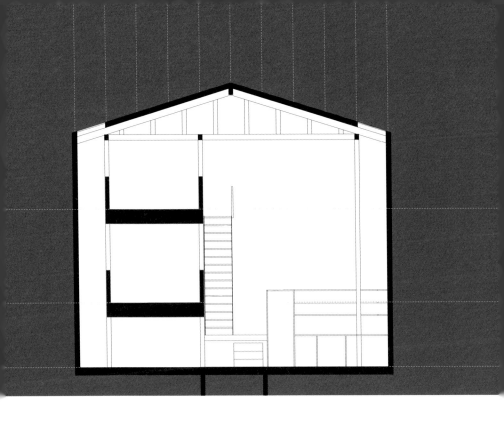

4 　内部に床をつくる

大きな気積のワンルーム空間の中に二枚の床を挿入し、寝室と水回り、クローゼット等を各層に割り当てる。必要に応じて壁を立ち上げてゆるやかに区切ることで、外周壁から切り離され独立した、入れ子状のスペースが生まれる。

トップライトから光が降り注ぐ。

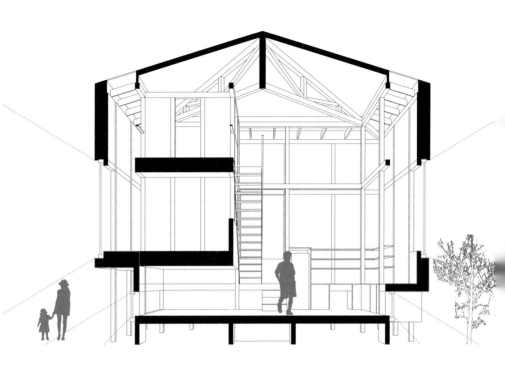

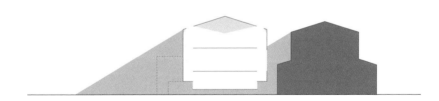

外部環境と再接続する

切り離された環境としての理想的な空間を求めてきたが、外部環境とのつなが りを限定した状態では、この場所と地域とのかかわりを否定する牢獄のような 空間となってしまい、住人の心を閉塞させてしまう。人にとって理想的な居場 所へと昇華するため、外部環境に「再接続」する。

各四辺のトップライトに合わせて外周床をさらに浮かし、床下に抜ける地窓を 設ける。各壁面にも格子付きの大きな窓を設け、プライバシーとともに風や視 線の抜けを調整する。持ち上げられた床は、空間を回遊する通路、キッチン、 家具スペース、ベンチなどに変化し、人の集まるメインスペースを囲う。

各壁面に設けられた格子付きの大きな窓と床下に抜ける地窓。

人の集まるオープンスペース。天井の高低差等によってさまざまな居場所が生まれている。

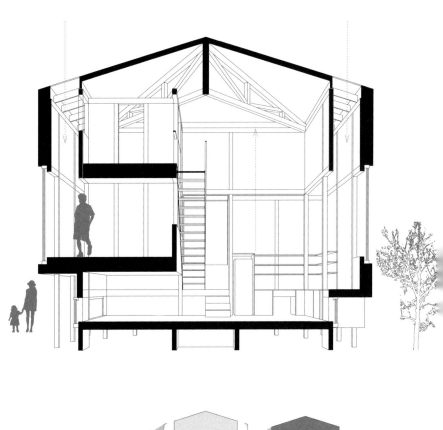

6 　垂壁によって光の状態をつくる

四辺のトップライトに合わせて垂壁を設け、空間全体への光を絞る。光は時間帯によって外周の左官壁を斜めに照らす直射光や、反射した拡散光となって各面に降り注ぐ。ここでも「闇溜まり」をつくりだすことで、深い陰影と奥行きが生まれる。

トップライトの光が左官壁を照らしながら拡散している様子。

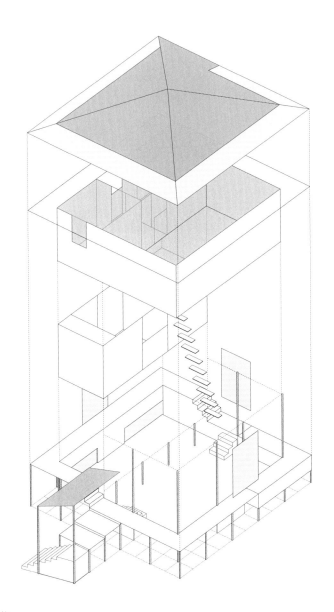

構築

住宅密集地での計画は、そのネガティブな環境からおおよその配置や建ち方が決まってしまい、結果的に画一的なまちなみを形成してしまいかねない。そこで、まず外部環境から切り離された理想的な空間を求めた上で、外部環境と再接続するプロセスをとる。そうすることで住宅密集地のネガティブな環境を捉え直し、まちとのつながりが整理されて、この場所にふさわしい建築が構築される。

III. 中庸 | Moderation

　寺院の設計をしていた頃、参考のために奈良と京都の古建築を見て回った。予定していた建物をすべて見学し帰路につこうとしていたとき、ちょうど龍安寺の近くを通りかかった。中学生のとき以来一度も訪れていなかったことを思いだし、修学旅行生と外国人観光客でごった返す中、人波を押しのけるようにして龍安寺石庭を訪れ、何とか縁側の縁に腰かけることができた。

　それは、初めての体験だった。視線を上げた瞬間、すべてが静止した。周囲の観光客や修学旅行生が意識から消え去り、余白の中に浮かぶ庭と、その背後に広がる自然がつくる領域が、無音の中に存在しているのを感じた。全身に鳥肌が立ち、言葉を失うほどの感情が自分の中で喚起するのがわかる。庭と自然のつくる領域の縁に触れながら、人の命が一瞬であることや、大切な人のこと、いずれ訪れる死への哀しみ、いまを生きる喜びが、深い感動の中で頭の中を駆け巡った。

　自分にとって龍安寺石庭の体験は、啓示だと思える。何を指標に生きていけばよいのかがわかりにくい社会の中で、この体験は自分にとって何よりも信頼できる。自然に媚びることも威圧することもない構築体と、自然とのあるがままの関係性は、「中庸」という言葉がもっともふさわしいと思った。そして中庸から生まれる領域は、建築そのものである。空間への思考（I章）と、構築への思考（II章）の先に、中庸によって建築を求めたいと考えた。

生と死の祈りの場｜実相寺 毘沙門堂

設計条件

小さな御堂の計画である。老朽化した既存の集会場を解体し、本堂で行われる葬儀のための通夜の場が求められた。御堂は、実相寺の起源となる毘沙門天を秘仏として祀り、故人と最後に過ごす通夜の場を兼ねる。既存の松を残すことや、狭い路地に面するために、建てられる範囲が自動的に決定されてしまう状況で、さらに中心となる御堂と通夜に必要な諸室を考えると、かなりコンパクトに計画する必要がある。通夜の場が空間としてどうあるべきかという側面と、住宅密集地の中に建つことを思考し、空間と都市の佇まいを同時に検討を行う。

生と死の祈りの場

通夜の場となる内部空間を、まちの佇まいをもつ外殻で包み、ひとつの構築体をつくる。アプローチは、飛び石の参道に既存の松をからめ、秘仏へ徐々に向かうシークエンスによって御堂までの心理的距離をつくる。通夜は、御堂の中心に横たわる故人を囲うように見送る人々が座る。仏の前で故人を囲うこの形式は、仏教の原初的な形だという。この生と死の祈りの場から、世界を平静な視点で見定める指標がつくられていくことを、ご住職との対話から求めていった。

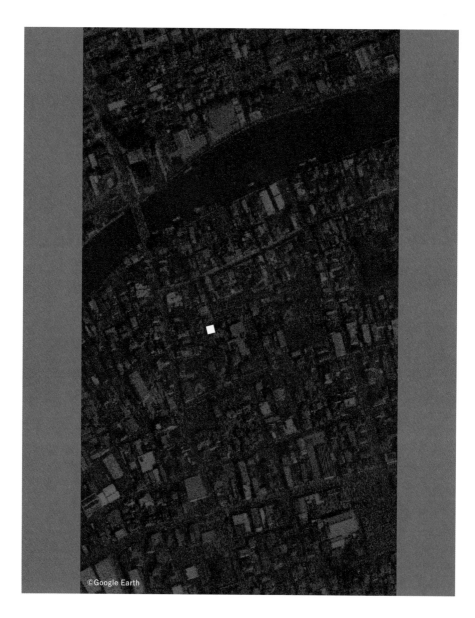

©Google Earth

都市のグリッド

都市には矩形があふれている。そのため、仏教的な形の御堂は古い住宅密集地になじむことができない。まちに配慮した佇まいをつくる必要がある。

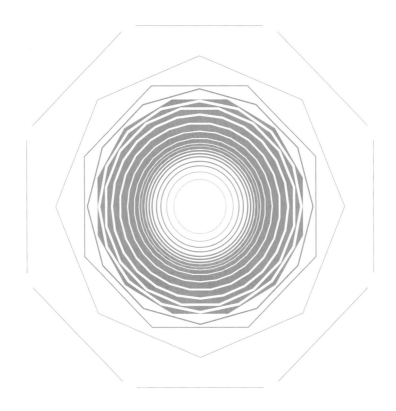

八角形

仏教思想では、円は世界の中心を表し、その円を八角形に置き換えた八角堂が
ある。故人との最後の夜を過ごす御堂を、精神の中心の場として計画する。

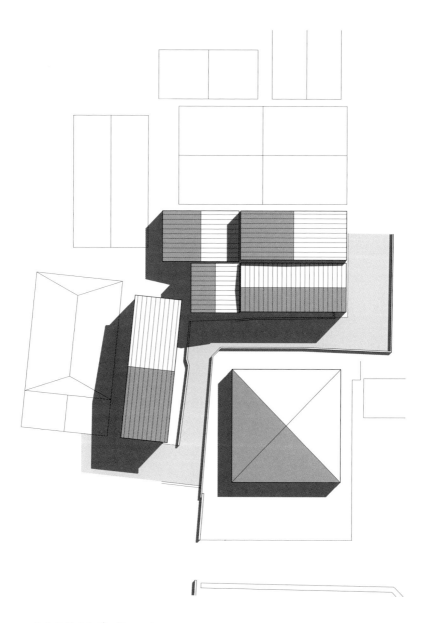

まちに対するヴォリューム

境内、細い路地、古い住宅群のスケールに対応するように、深い軒と低い方形
屋根をもつ佇まいとし、落ち着いたまちの片隅をつくる。

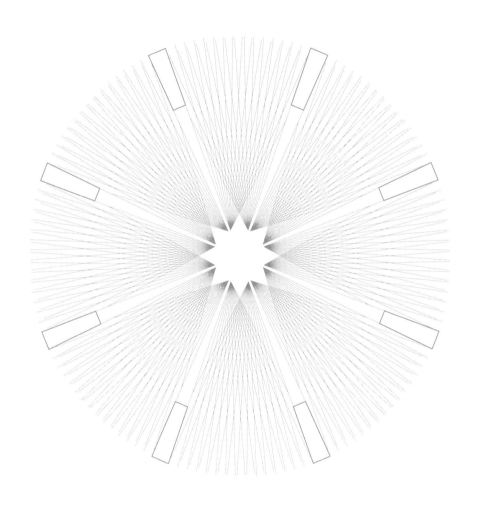

八角形をつくる構成

放射状の壁と梁が、中心へ集束する八角形を規定し、御堂となる空間の中心を
つくる。それは同時に、世界への広がりでもある。

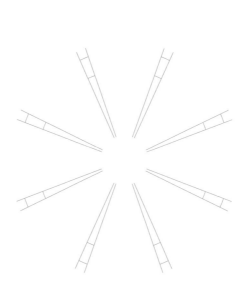

都市的な形（矩形）＋精神的な形（八角形）
都市をつくる方形と、仏教精神をつくる八角形が重なって、生と死の祈りの場
が生まれる。

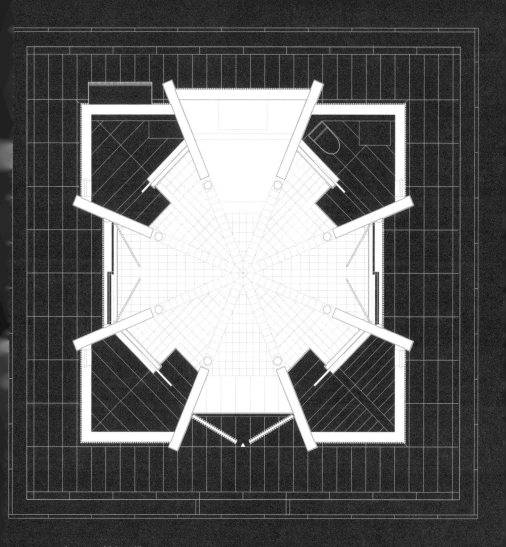

生と死の祈りの場
精神の形である八角形を都市の矩形が内包し、仏に向かうシークエンスを対称
にしたプランが生まれる。空間の中心が故人のための御堂となり、建物の四隅
には通夜に必要な関係諸室を配する。仏教的な意味をもつ栗柱が架構を支えな
がら、空間性を高める。

御堂の中心を規定する放射状に張られた中国のタイル磚。

一筋の光が差し込み、土間を照らす。闇を通過する光。

暗い堂内から明るい庭を見る。

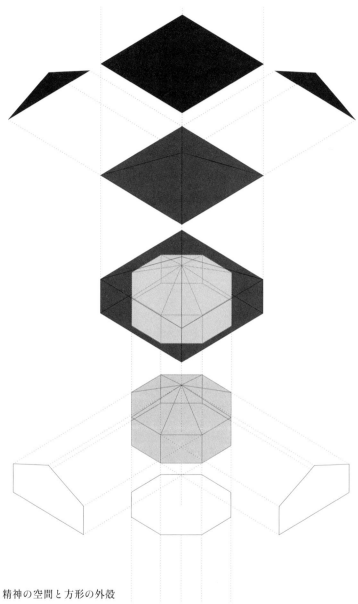

精神の空間と方形の外殻

仏教精神の空間である八角形を、都市の佇まいをつくる方形の外殻が包み込む。
精神の空間がそのまま御堂となり、方形の外殻との間にできた四隅の余剰空間
に、通夜のための関係諸室を設ける。

格子戸を通過する淡い光によって、各素材が浮かび上がる。

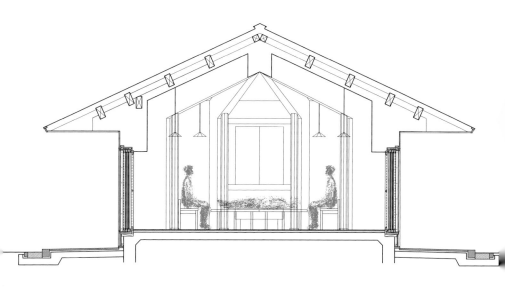

陰影の中に記憶を織り込む

空間と精神の重心が一致し、塗り込められた背景が消失して空間はさらなる広
がりと親密さをつくる。陰影の中に故人との記憶を織り込む。

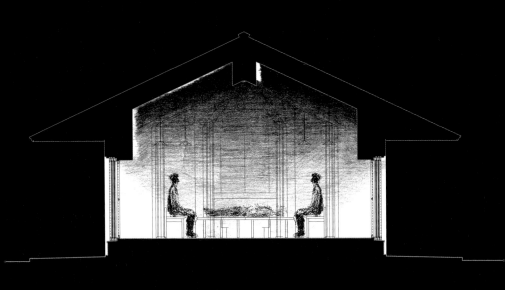

陰影の空間
御堂の中心に横たわる故人を囲うように、見送る人々が座る。故人と向き合う
場の架構は、すべて砂漆喰によって塗り込めている。空間の中に陰影のみが浮
かび上がる。

故人へと向かう心理的距離

緑豊かな長い参道をもつ寺院ではなく、主に車で訪れるような住宅密集地の中の寺院の場合、御堂までの物理的距離をとることは難しい。車を降りて訪れるだけでは、御堂空間への心構えや、空間による感情の変化は生まれにくい。そこで、アプローチとなる飛び石の参道に既存の松をからめ、秘仏に向かうシークエンスによって御堂までの心理的距離をつくる。飛び石は蛇行させて既存の松

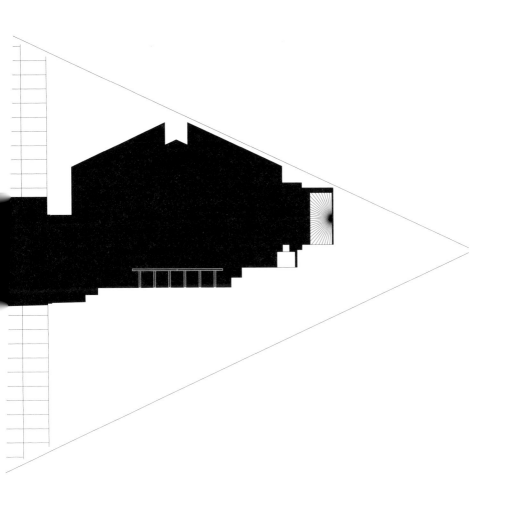

の下をくぐり、大きな石から建物の境界となる石畳へとつながる。建物内に小さな段差を設けながら空間の重心をつくり、秘仏に向かって中心の御堂へとあがる。公共空間である御堂に段差を設けることは、現代的な回答と逆行しているようだが、ただバリアを取り除くのではなく、御堂までのシークエンスに「手を差し伸べる」という心の喚起を含ませた。

石畳や植物などの存在とそれらの映す陰影から、ゆったりとした時間とたしかな息吹を感じる。

堂内の中心を規定する塗り込められた放射状の梁型。夜、小さな明かりの中で人の存在は闇に埋没する。

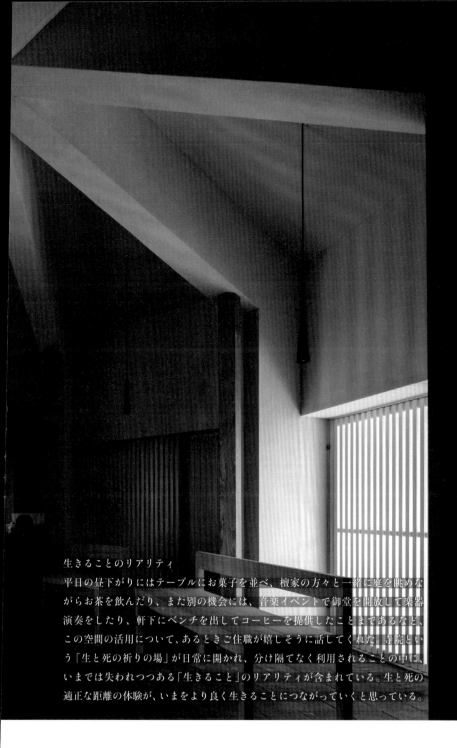

生きることのリアリティ

平日の昼下がりにはテーブルにお菓子を並べ、檀家の方々と一緒に庭を眺めな
がらお茶を飲んだり、また別の機会には、音楽イベントで御堂を開放して楽器
演奏をしたり、軒下にベンチを出してコーヒーを提供したことまであるなど、
この空間の活用について、あるときご住職が嬉しそうに話してくれた。寺院とい
う「生と死の祈りの場」が日常に開かれ、分け隔てなく利用されることの中に、
いまでは失われつつある「生きること」のリアリティが含まれている。生と死の
適正な距離の体験が、いまをより良く生きることにつながっていくと思っている。

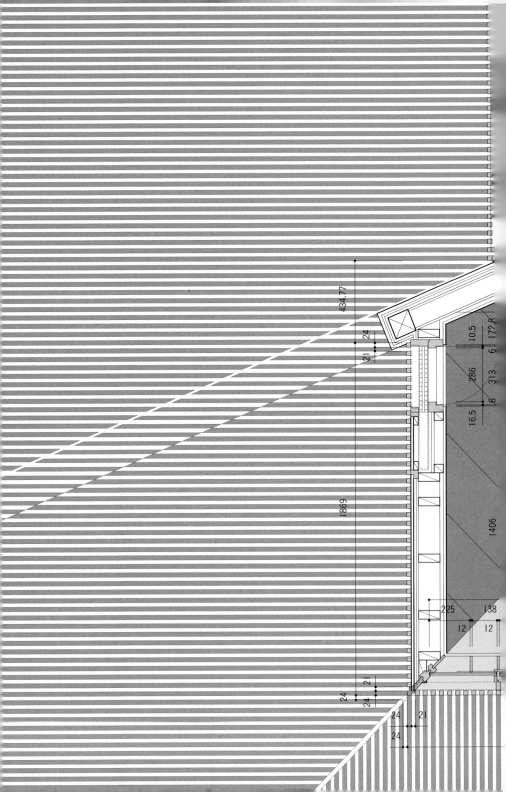

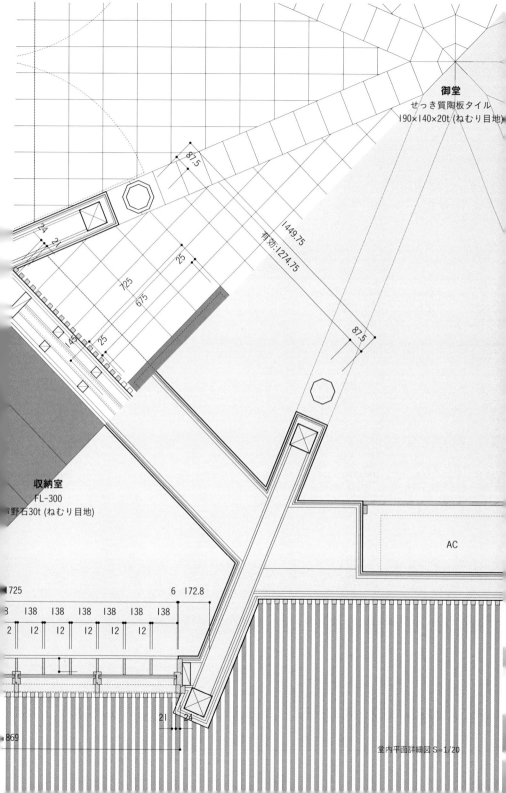

御堂
せっき質陶板タイル
190×140×20t (ねむり目地)

87.5

1449.75

有効:1274.75

87.5

24 21

25

725

675

45

25

収納室
FL-300
野石30t (ねむり目地)

725　　　　　　6 172.8

3 138 138 138 138 138 138

2 12 12 12 12 12

AC

21 24

869

堂内平面詳細図 S=1/20

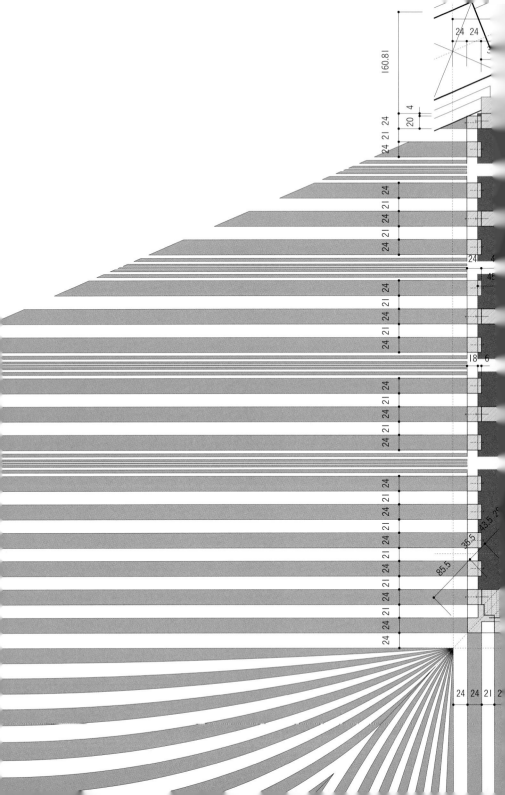

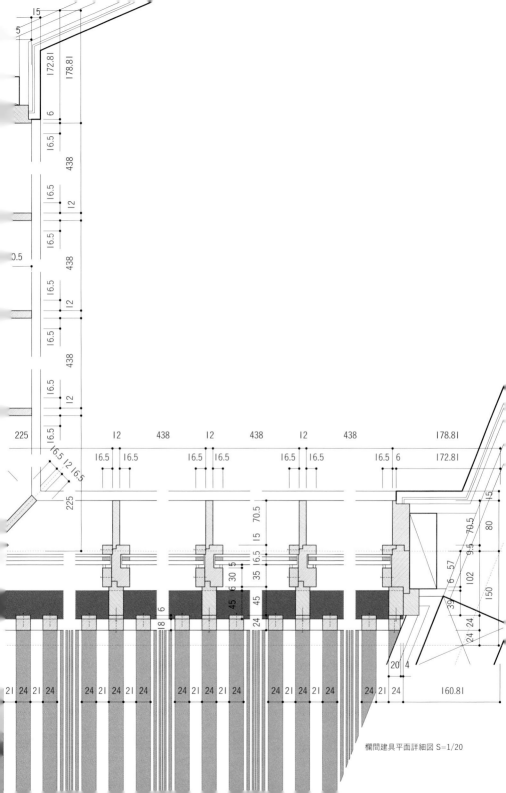

欄間建具平面詳細図 S=1/20

構造的に雑壁となる四隅壁には、上部に欄間状の窓がまわる。

四隅の壁にある欄間窓は、均等に並ぶ格子の内側にある。

抽象による余白｜富士南麓の家

設計条件

敷地は富士山南麓のまちの北部に位置する。クライアントの父親が古くから所
有する農地で、周囲を20m以上ある樹木に囲まれ、北側には比較的大きな工場
が見下ろすように建っている。鬱蒼とした森と工場との境目の空地は、道路側
に建つ廃屋や、樹木の隙間から見える仮設小屋などもあいまって、全体として
雑多な印象を受けた。クライアントが幼少期を地方の田舎で過ごし、薪割りを
日課にしていたことなどをうかがう中で、また自然とともに暮らしたいという
思いを強く感じた。建築によって自然と人の記憶をつなぎ、より豊かな生活の
場をつくりたいと考えた。

抽象による余白

偶然の連続である森（自然）に対し、建物（構築体）はより静的であるべきであ
る。自然を具象、建物を抽象として捉え、森へのシークエンスをからめながら
風景に余白をつくる。螺旋階段を中心にシンメトリーの柱架構と、各面で統一
した開口部をもつ単純な矩形を敷地中央付近に配置する。周囲の樹木に対応する
ように建物高さを決定し、開口部が森との距離を近づける。壁は砂漆喰によって
架構を覆い塗り込めることで、建物の図形が敷地の中の雑多なものを視覚的に
切り取る「余白」となる。シンメトリーで単純な柱スパンからなる骨格と、皮膚
のような表層を形づくる壁のシークエンスと光の陰影が、周囲を囲む自然の秩
序を踏襲することで、建築という領域がつくられる。

具象（自然）と抽象（建物）と森へのシークエンス
工場と駐車場を横切り、廃屋を抜けた森の中に、抽象としての建物を置く。重なり合う矩形が、雑多なものを遠ざけ、森への眼差しをつくる。論理や機能からではなく、具象と抽象と感覚に根ざした森へのシークエンスによって、余白の中に自然を見いだし、その境界面に感情を喚起する建築という領域をつくりだす。

1階を機能空間、2階を森へ開放されたヴォイド空間として計画する。
自然環境と地続きの1階は、森とのつながりを制限し、洞窟のような空間をつ
くる。地面から切り離されて樹木に近づく2階は、森の奥まで視線の抜ける、
広がりある空間をつくる。

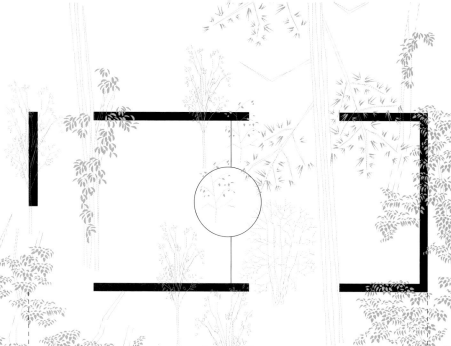

森へのシークエンスからプランをつくる。
1階には寝室や水回りなどの諸室を配し、その隙間から見える森を予感として
2階へ導く。2階は大きな空間内に開口部を規則的に設けることで、内部と外
部の対比的な関係性を整え、森と再接続する。

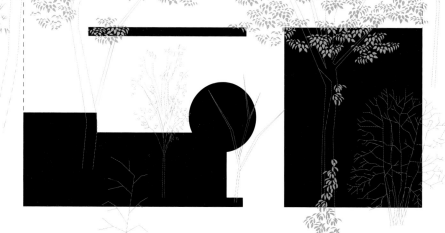

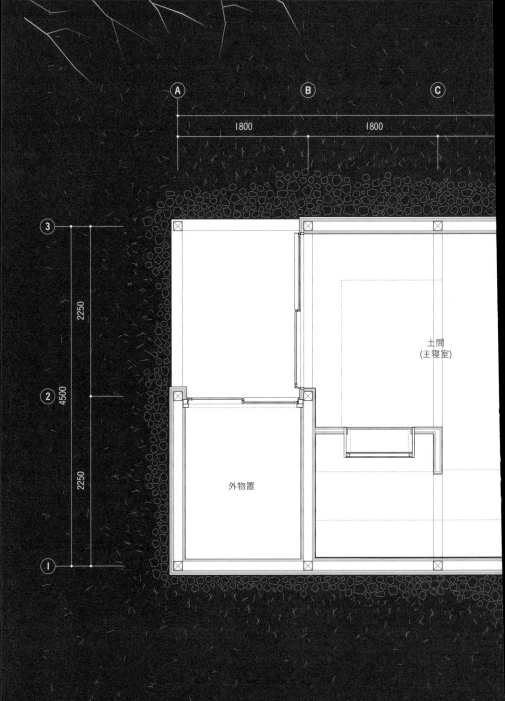

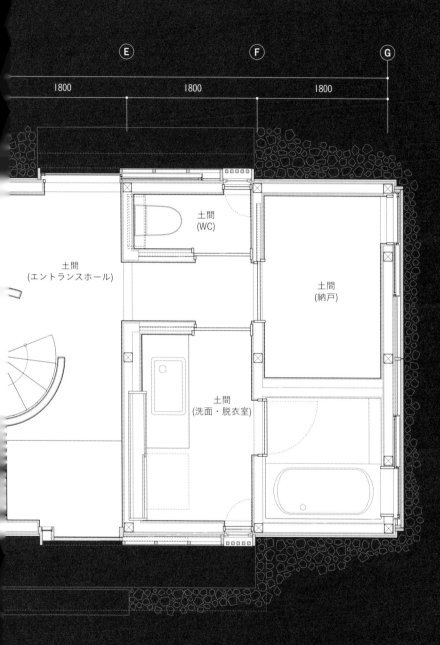

E   F   G

1800   1800   1800

土間
(WC)

土間
(エントランスホール)

土間
(納戸)

土間
(洗面・脱衣室)

1F平面図 S=1/50

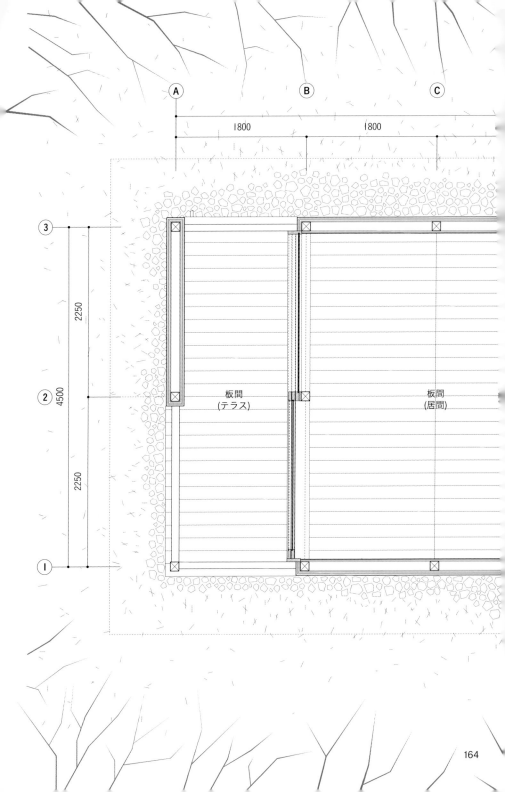

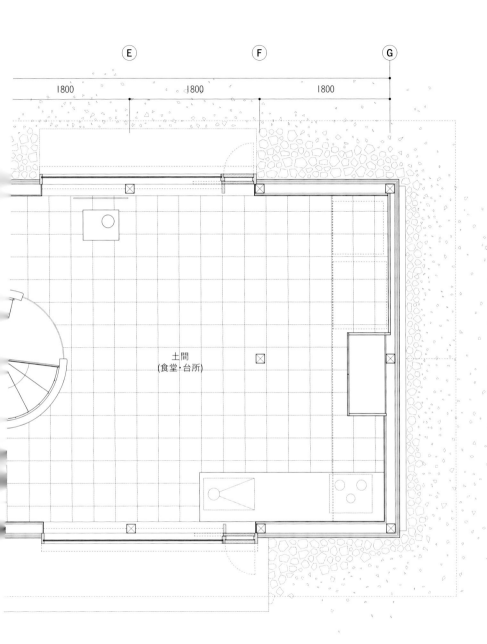

土間
(食堂・台所)

E　　　　　F　　　　　G

1800　　1800　　1800

中央の円筒形の壁がシークエンスをつくり、森へと視線が抜ける。右側ブロックに水回りを集約し、円筒形の壁の先に
螺旋階段と寝室がある。

中央の円筒形の壁が室内にそのまま現れる。眠りのための場所として、陰影を極力絞り抑えている。

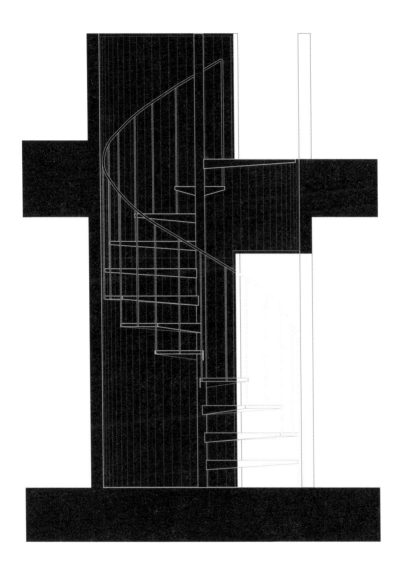

垂直方向をつなぐ螺旋階段のヴォイド。砂漆喰によって塗り込められ、遠近感を消失した円形の天井
が下階よりも明るい光を帯び、上階に広がる森への予感が歩みを進める。

森へ投げ出されるようにつながるデッキテラス
建物によって切り取られた森は、木漏れ日や風に揺れる葉音、木の香りをともなって、より深く迫ってくる。

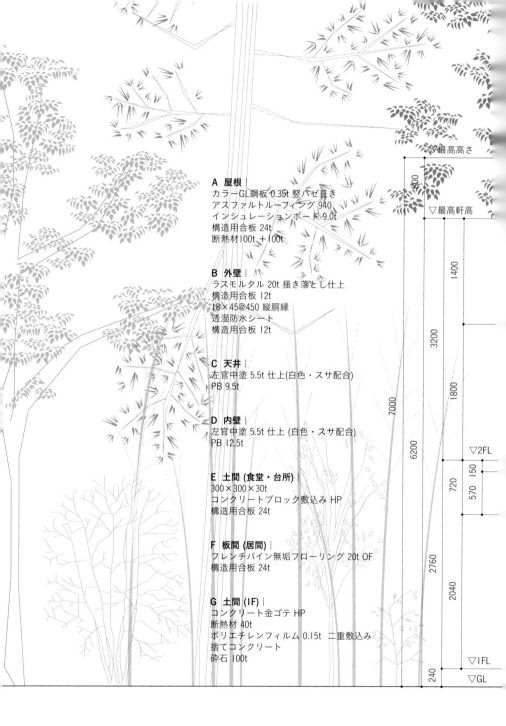

A 屋根
カラーGL鋼板 0.35t 竪ハゼ葺き
アスファルトルーフィング 940
インシュレーションボード 9.0t
構造用合板 24t
断熱材100t ＋100t

B 外壁
ラスモルタル 20t 掻き落とし仕上
構造用合板 12t
18×45@450 縦胴縁
透湿防水シート
構造用合板 12t

C 天井
左官中塗 5.5t 仕上(白色・スサ配合)
PB 9.5t

D 内壁
左官中塗 5.5t 仕上 (白色・スサ配合)
PB 12.5t

E 土間 (食堂・台所)
300×300×30t
コンクリートブロック敷込み HP
構造用合板 24t

F 板間 (居間)
フレンチパイン無垢フローリング 20t OF
構造用合板 24t

G 土間 (1F)
コンクリート金ゴテ HP
断熱材 40t
ポリエチレンフィルム 0.15t 二重敷込み
捨てコンクリート
砕石 100t

▽最高高さ

800

▽最高軒高

1400

3200

1800

7000

6200

▽2FL

720　150

570

2760

2040

▽1FL

240

▽GL

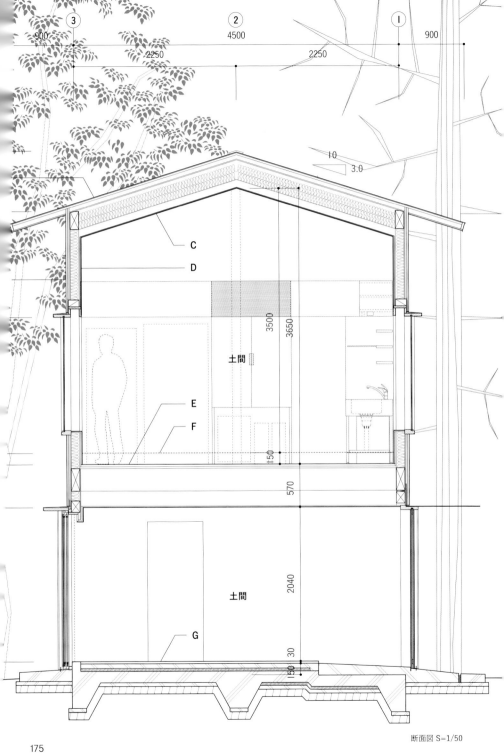

③ 2 I

900   4500   900

2250   2250

10

3.0

C

D

土間

3500

3650

E

F

50

570

土間

2040

G

30

150

断面図 S=1/50

中庸

中庸への設計プロセスは、自然と建築をどう秩序立てるのか、人の深い部分でつながる共通の感情を建築にどう結びつけるのかを反復的に思考することである。それは、目の前の自然と人の記憶との豊かな応答だ。大きなケヤキの木を見上げる、あるいは足下に落ちている木の実を拾い上げることから、すでに思考ははじまっている。

IV. 意志 ｜ Will

Ⅰ章では、陰影による内部空間に焦点を当てた。建築を訪れたときの直観や、目に見えない空気感を寸法と素材によって空間化することで、古くから引き継がれてきた共通感覚の実体に少しだけ近づけたように思う。Ⅱ章では、さまざまな外的要因から構築することに焦点を当てた。建築を取り巻くいくつもの要件をひとつの形式にまとめあげていくことは、住宅・非住宅を問わず、建築家の社会的意義なのだと改めて感じた。Ⅲ章では、空間と構築を統合し、高次のバランスの上で互いに高め合う建築をめざした。ディテールやプロポーション、素材、寸法、環境などがひとつの秩序立った世界として現れる可能性に触れた。

ここまでは構築体をつくることを主体に、一般に共有できる何らかのコンテクストを取り上げ、精度を高めながら形へと収束させる設計プロセスだった。しかし、自邸である「西千代田町の家」の設計に取りかかると、その前提はすぐに崩れてしまった。空間の質や外的要件は、自由に変更することができるため、有効な手がかりとはならない。設計が行き詰まり、思い悩んだ先に見えてきたものは、感情や記憶などの「ささやかなもの」に耳を傾けることであった。

感情・記憶・想像の連関

学生の頃、静岡県伊豆の国市（旧韮山町）にある江川邸を訪れた。観光のつい
でにふらっと立ち寄っただけだったが、江川邸の土間空間に入った途端、その
場に立ち尽くし息を呑んだ。言葉を失ったまま土間から架構へ視線を上げる。
微かな光の中に浮かび上がる黒く波打つような三和土の起伏と肌理、手斧掛け
が施された太い柱と梁、貫の連続する屋根架構は闇を編み、高窓からの光が拡散
している。かまどから湯気が立ちのぼり、活気よく働く人影を想像する。部分と
全体へ視線を行き来させながら、日本家屋のもつ光と闇の領域に胸が高鳴った。
建築を設計する際、感情や記憶などのささやかなものは、個人差などの理由から
一般化することが難しく、基本的に主要な根拠にはならない。一方で、心を揺
さぶるような感情の喚起の体験が、モチベーションや直観を補強し、新たな想
像の源泉となることを、建築にかかわる多くの人が実感として認識している。
そこで、建築を志すきっかけとなった日本家屋の体験から、自邸である建築を
思考する。内側にある感情・記憶・想像の連関からの発想を肯定する。実際に
喚起されたひとつの感情を指標として、日本の空間の根幹を捉え直していく。

184

空間をつくるもの
瓦屋根は風景をつくり、それを支える架構は建物の内部をつくる。生活領域は
土間と板間に分割され、全体は架構の闇の中に包まれる。建物の内外を区切る
境界面は土壁や板戸、障子によって覆われ、軒下のつくる影の中にその存在を
ひそめる。
日本家屋の全体と各部分には、それぞれの役割と機能が存在する。ひとつずつ
切り離していった最後に残るものは、光と闇がつくる陰影である。
屋根架構は闇の一部となって光を規定し、材の間を光の粒子が降り注ぐ。素材
やテクスチャは闇に属し、光のために存在する。空間を体験するとき、人も同
じように闇の一部となって、光を求める。
陰影が、すべての事象を包み込んでいる。

開かれた意志｜西千代田町の家

感情、記憶、感覚、願望、それらと結びついた場所や歴史など、個人や集合体のもつ「ささやかなもの」と、日本家屋の根幹にある「陰影」を結びつけ、これからの日本の家をつくる。

導きだしていく構築体は、形をつくることを主体とした集束しようとするルールや規定から解放し、ささやかなものの求めに応じて柔軟に変化する、やわらかな思考のひだとして位置づける。

やわらかな概念としての構築体がつくる空間の内部、あるいはその外部に見いだされる建築が、個人的なものも共有できるものもフラットに包み込む「開かれた意志」となって建ち現れ、私たちの感情を喚起することを求める。

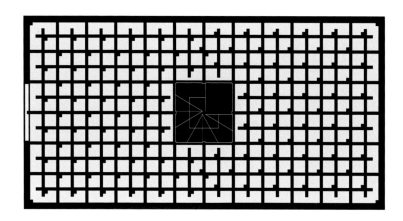

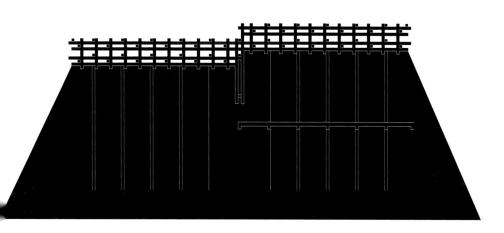

日本家屋の様式や伝統を再構築する

伝統的な日本家屋のもつ開放性（光）と奥（闇）を起点として、様式や伝統を更新し、郷愁に陥ることなく、これからの日本の家の構築を試みる。

3×6間角の外周面に柱を900mmピッチで立て、切妻屋根の形状に結ぶ。1800mmピッチに組んだ平たい格子梁を900mmずつ左右にずらして積層させ、梁架構をつくる。材のすべてを90mm角ヒノキ材としてコストの合理性を図り、柱材を抱き合わせることで、断熱層を設けつつ細長比をクリアする。

こうして、階段室を中心としたワンルームに土間を含めて四枚の床が生まれ、架構は雲のように浮かぶ構築体となる。

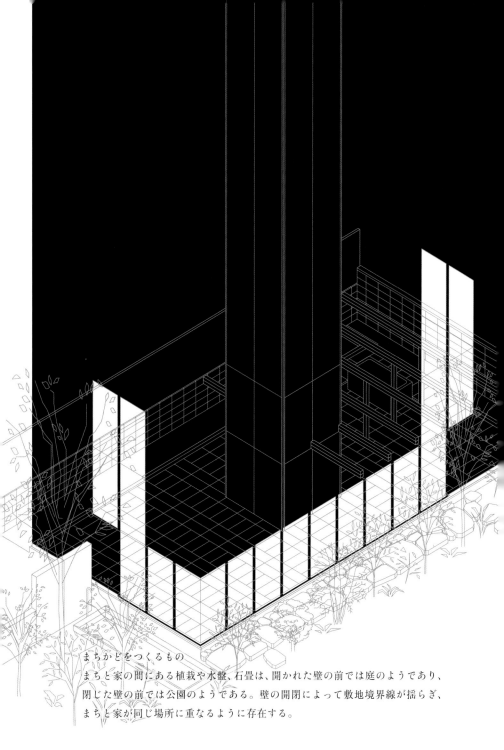

まちかどをつくるもの
まちと家の間にある植栽や水盤、石畳は、開かれた壁の前では庭のようであり、
閉じた壁の前では公園のようである。壁の開閉によって敷地境界線が揺らぎ、
まちと家が同じ場所に重なるように存在する。

すべての壁を閉じると、銀色を背景に植栽とその影が揺らぐ。

晴れた日に壁を開けると、木漏れ日や水盤を反射した光が差し込む。

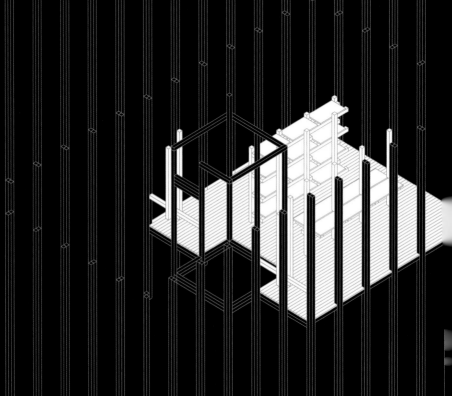

架構の中に機能をもたせる

中間層のキッチン・ダイニングスペース。架構を構成する縦材の一部が伸びて
床梁を吊り、吊材にからまるようにダイニングテーブルとキッチン収納が設けられている。闇溜まりを与え、吹抜けを介してつながる下層の土間スペースと、上層の板間スペースとを対比的に接続し、陰影のシークエンスによって空間全体に奥行きをつくりだしている。

吊材にからまるように設けられたダイニングテーブルとキッチン収納。

キッチンスペースは製作オープンキッチンとし、壁面いっぱいに設けられている。

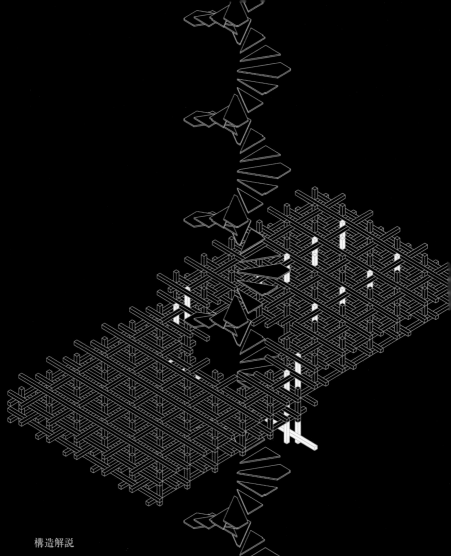

構造解説

構造に用いた木材は90×90、4m以下の材である。ただ、その材だけで単純に柱梁を組むだけでは、通し柱やスパンの大きな床組をつくるのは難しい。そこで、意匠との協議から導きだした組立材によって全体の架構を構成した。

柱梁は2丁掛けにしてビスで一体化し、必要な剛性と耐力を確保した。重ね格子の床組は、90角材でもたせようとすると、二方向に隙間なく設ける必要があった。そこで、2段の弦材をつなぐ鉛直材に欠き込みをしてはめ込むことで回転剛性を確保し、二方向のフィーレンディール梁とした。そうすることで、継手応力を小さくして簡素化し、かつ、必要な材積を半分とした。

構造家｜高橋俊也

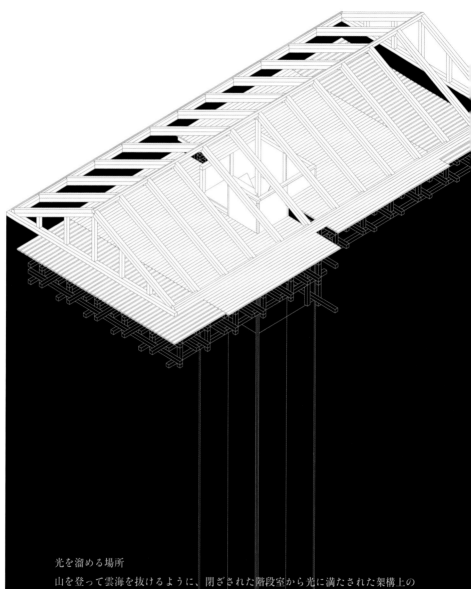

光を溜める場所

山を登って雲海を抜けるように、閉ざされた階段室から光に満たされた架構上の空間に至る。日本家屋の架構は主に屋根を支えているが、屋根のみを支えることから解放された架構は、その陰影を上下層で反転させている。

架構の下には闇があり、その中に居場所がある。上部から光が差して架構によって粒子が拡散する。光へのシークエンスが、日々の移ろいをつくっている。

壁を開放した際の前面通路からの全景。

壁を開放した土間スペースがまちと連続す

開いた壁に木漏れ日が映り、水盤を照らす光が揺らめく。

開いた壁からの光とともに水盤に落ちる水の音が静かに響く。

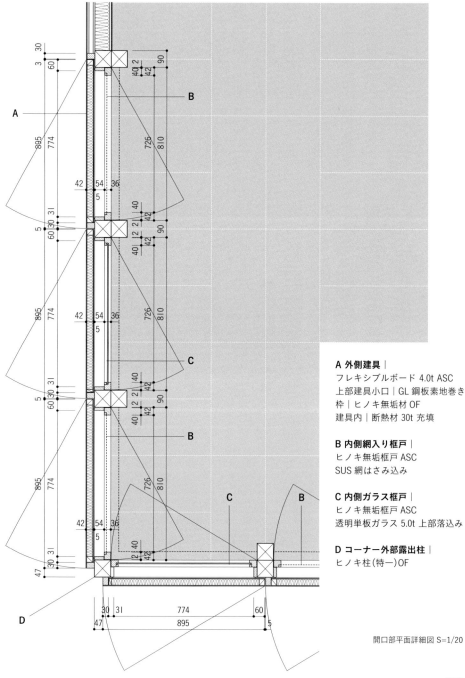

A 外側建具｜
フレキシブルボード 4.0t ASC
上部建具小口｜GL 鋼板素地巻き
枠｜ヒノキ無垢材 OF
建具内｜断熱材 30t 充填

B 内側網入り框戸｜
ヒノキ無垢框戸 ASC
SUS 網はさみ込み

C 内側ガラス框戸｜
ヒノキ無垢框戸 ASC
透明単板ガラス 5.0t 上部落込み

D コーナー外部露出柱｜
ヒノキ柱(特一)OF

開口部平面詳細図 S=1/20

壁の中の窓

3×6板を基準とした縦3層の壁は水切りと窓の役割を果たし、段状の陰影が外観の輪郭をつくる。壁を閉じると、前面を通過する人や植物、水盤などが銀色の外壁に反射して浮かび上がり、家の存在を滲ませる。内部では階段室により各階の床が垂直につながり、架構を通過した小さな光が土間を照らす。壁を一枚開くと、まちから消失するひとつの点となって、内部に一筋の鋭い光が差し込む。壁をすべて開くと、土間はまちと連続し、水盤を反射した光が上部の架構に揺らめく。壁の開閉によって陰影の状態が変化し、内や外から見える存在の対象が切り替わる。その繰り返しによって、向こう側にある見えないものを表象させるこの家は、どこか寺院のようでもある。朝夕、僧侶が建具を開閉することで領域が変化するように、日々のささやかな営みが、まちと暮らしをつくる。

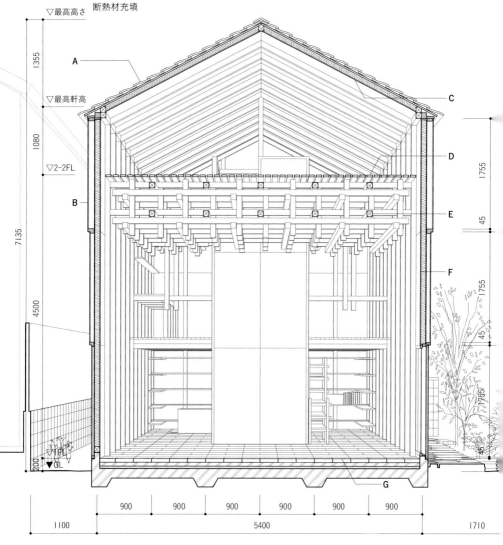

A 屋根｜
窯業桟瓦葺き
ASルーフィング合板 24t
断熱材梁間充填

B 外壁｜
フレキシブルボード 4.0t ASC
ケイカル板 10t
ヒノキ通気胴縁
通気胴縁シート
構造用合板 9.0t
断熱材充填

C 天井｜
ヒノキ合板 12t 素地

D 板間｜
W90×30t ヒノキ無垢板素地
一部格子床W90×30t@ 120同材

E 木架構・構造露出部｜
90角ヒノキKD材 (特一) 素地

F 内壁｜
ラワン合板 4.0t ASC

G 土間｜
300×600×60t RCブロック敷
バサモルタル
架構ポリエチレン管埋設床暖
スタイロフォーム 40t
(外周立上共)
コンクリート下地

▽最高高さ

1355

▽最高軒高

1080

▽2-2FL

B

7135

4500

200

▽1FL

▼GL

C

D

E

F

G

1755

45

1755

45

1755

45

900　900　900　900　900　900

1100　　　5400　　　1710

矩計図 S=1/60

210

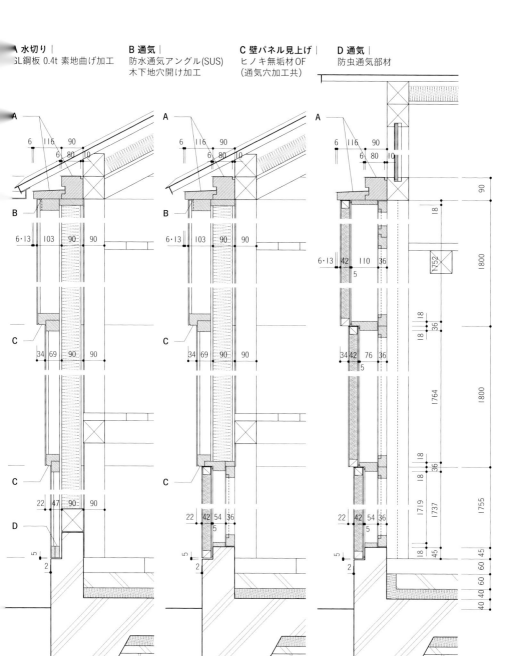

A 水切り
GL鋼板 0.4t 素地曲げ加工

B 通気
防水通気アングル(SUS)
木下地穴開け加工

C 壁パネル見上げ
ヒノキ無垢材OF
(通気穴加工共)

D 通気
防虫通気部材

3層壁

1層開口部

3層開口部

開口部断面詳細図 S=1/15

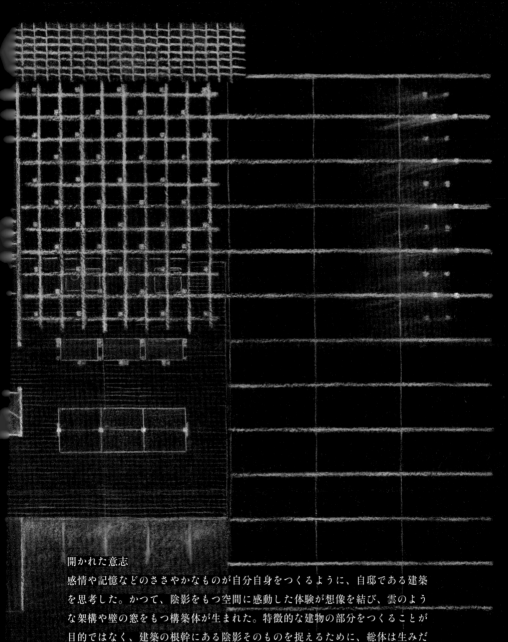

開かれた意志

感情や記憶などのささやかなものが自分自身をつくるように、自邸である建築を思考した。かつて、陰影をもつ空間に感動した体験が想像を結び、雲のような架構や壁の窓をもつ構築体が生まれた。特徴的な建物の部分をつくることが目的ではなく、建築の根幹にある陰影そのものを捉えるために、総体は生みだされている。

ささやかなものへの思考が、陰影そのものを見いだす概念としての構築体を導きだし、まちかどをつくる共有可能なコンテクストと融合しながら、建築が「開かれた意志」となって建ち現れることを求めた。

建築データ

富里の家

設計協力	―
施工	尾崎工務店 大石明美（建築工事）
建物用途	専用住宅
構造・規模	木造 2 階建て
敷地面積	107.69m²
建築面積	52.69m²
延床面積	84.17m²
設計期間	2012.04 〜 2012.10
施工期間	2012.11 〜 2013.05

1. エントランス
2. キッチン
3. リビング
4. サニタリースペース
5. デスクスペース
6. 室
7. 主寝室
8. ロフト

断面図　S=1/100
平面図　S=1/120

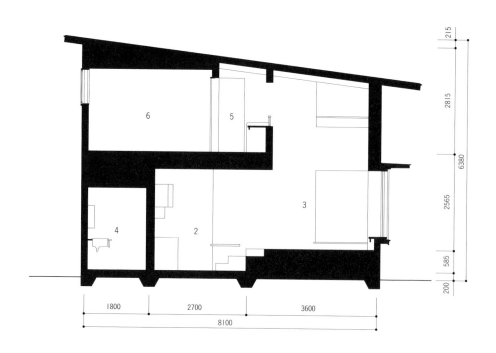

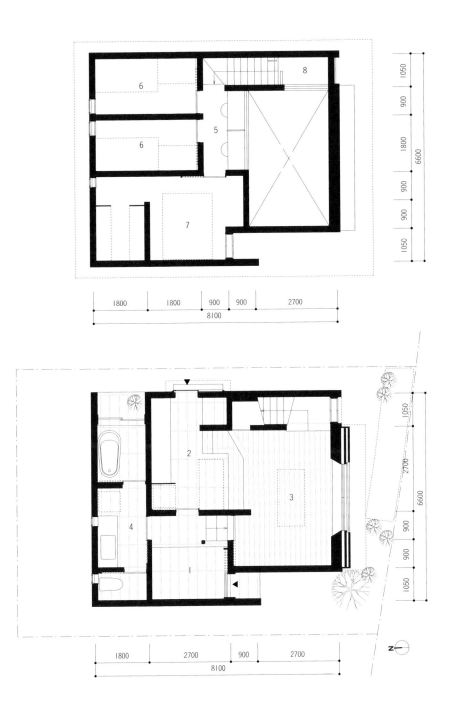

加茂の家

設計協力	ワークショップ 安江一平
施工	山崎工務店 山崎茂（建築工事）
	山脇豊左官 山脇豊（別途左官工事）
	一木一木 佐藤洋一（別途造作家具工事）
	飯沼克起家具製作所 飯沼克起（別途家具工事）
	金森正起（別途金物工事）
	庭アトリエ 金子達郎・金子周代（別途作庭工事）
建物用途	専用住宅
構造・規模	木造2階建て
敷地面積	478.98m²
建築面積	84.30m²
延床面積	107.13m²
設計期間	2015.10 〜 2016.05
施工期間	2016.06 〜 2017.03

1. ポーチ
2. エントランス
3. キッチン
4. リビング
5. 和室
6. サニタリースペース
7. 室
8. デスクスペース

断面図　S=1/100
平面図　S=1/150

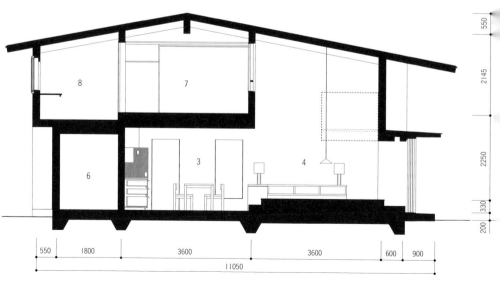

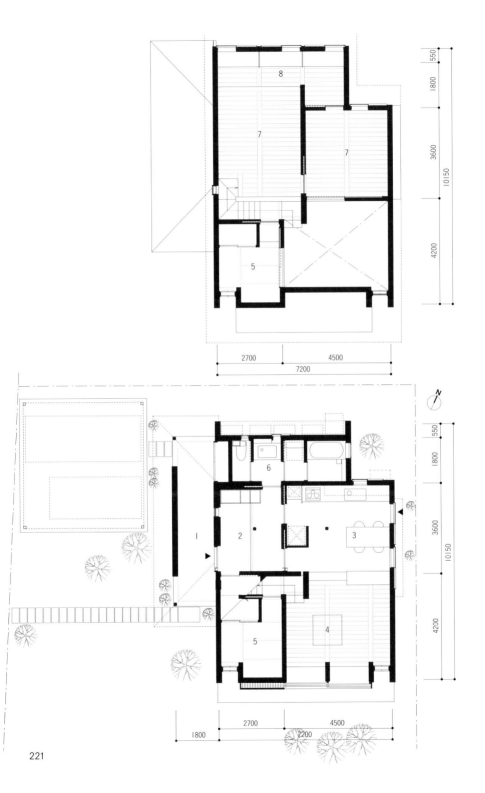

入野の家

設計協力	高橋俊也構造建築研究所 高橋俊也
施工	桑髙建設 桑髙弘城・朝比奈文也（建築工事）
	山脇豊左官 山脇豊（別途左官工事）
	飯沼克起家具製作所 飯沼克起（別途家具工事）
	金森正起（別途金物工事）
	植真 太田真光（作庭工事）
建物用途	専用住宅
構造・規模	木造 2 階建て
敷地面積	349.04m²
建築面積	105.11m²
延床面積	191.39m²
設計期間	2020.09 〜 2021.05
施工期間	2021.06 〜 2022.03

1.	ポーチ	7.	リビング・ダイニング
2.	エントランス	8.	キッチン
3.	収納室	9.	サニタリースペース
4.	控室	10.	主寝室
5.	スタジオ	11.	子ども室
6.	ワークスペース		

断面図　S=1/150

平面図　S=1/200

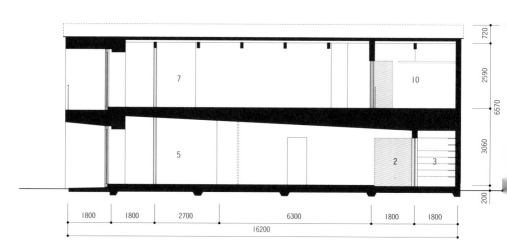

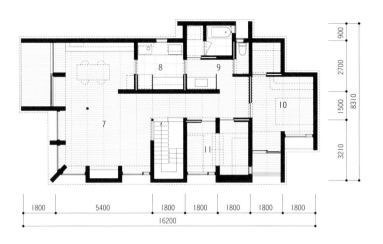

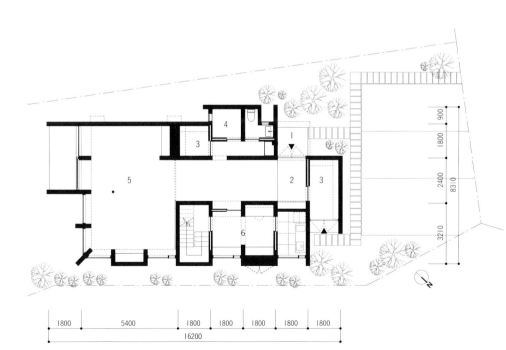

三保松原の住宅と店舗

設計協力	高橋俊也構造建築研究所 高橋俊也
施工	大栄工業 金澤清文・坂部明（建築工事）
	山脇豊左官 山脇豊（別途左官工事）
	飯沼克起家具製作所 飯沼克起（別途家具工事）
	金森正起（別途金物工事）
	庭アトリエ 金子達郎・金子周代（別途作庭工事）
	September design 出口由果梨（サイン）
建物用途	店舗兼用住宅
構造・規模	木造2階建て
敷地面積	647.03m²
建築面積	101.08m²
延床面積	127.86m²
設計期間	2018.01 ～ 2018.08
施工期間	2018.09 ～ 2019.04

1. ポーチ
2. 店舗スペース
3. 店舗キッチン
4. テラス
5. 住宅エントランス
6. フリースペース
7. 室
8. サニタリースペース
9. ロフト

断面図　S=1/150
平面図　S=1/200

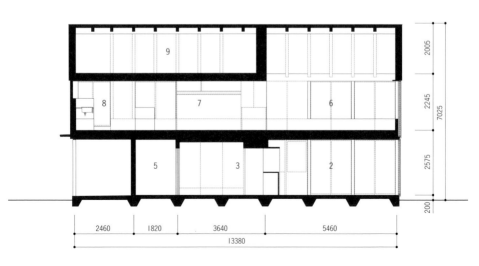

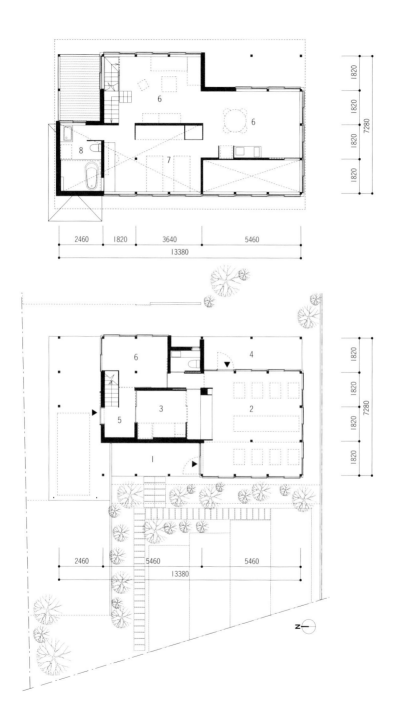

金谷南町の家

設計協力	高橋俊也構造建築研究所 高橋俊也
施工	桑高建設 桑髙弘城・朝比奈文也（建築工事）
	金森正起（別途金物工事）
	庭アトリエ 金子達郎・金子周代（別途作庭工事）
建物用途	専用住宅
構造・規模	木造2階建て
敷地面積	305.19m²
建築面積	83.46m²
延床面積	105.17m²
設計期間	2018.09 〜 2019.04
施工期間	2019.05 〜 2019.12

1. 土間	5. リビング	断面図　S=1/150
2. 室	6. キッチン	平面図　S=1/200
3. 寝室	7. サニタリースペース	
4. 和室	8. エントランス	

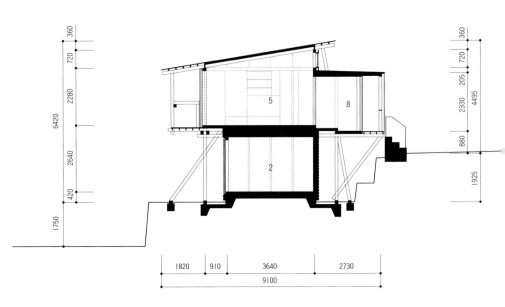

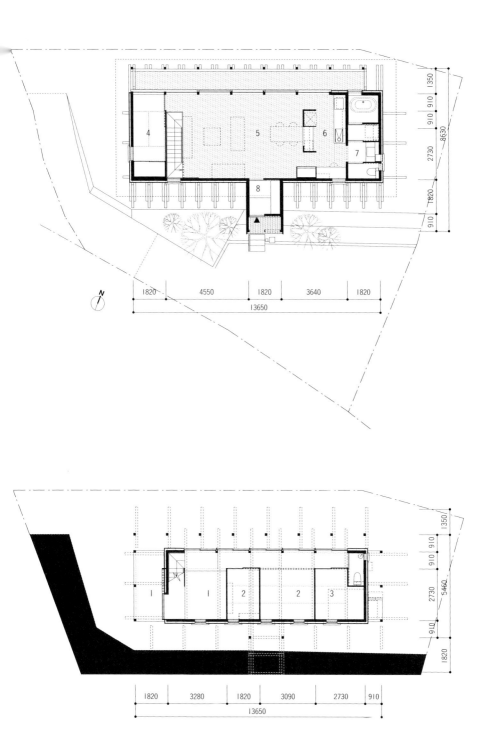

本郷町の家

設計協力	高橋俊也構造建築研究所 高橋俊也
施工	大栄工業 金澤清文・大宮山健太郎（建築工事）
	山脇豊左官 山脇豊（別途左官工事）
	金森正起（別途金物工事）
建物用途	専用住宅
構造・規模	木造2階建て
敷地面積	172.84m²
建築面積	80.57m²
延床面積	101.80m²
設計期間	2020.04 〜 2021.01
施工期間	2021.02 〜 2021.12

1. エントランス
2. リビング・ダイニング・キッチン
3. フリースペース

4. WC
5. サニタリースペース
6. 室

断面図　S=1/150
平面図　S=1/200

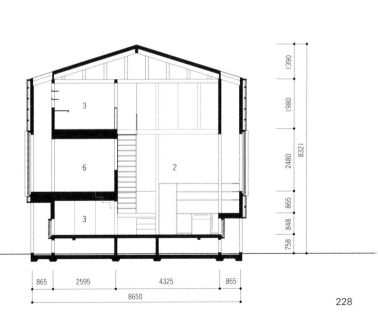

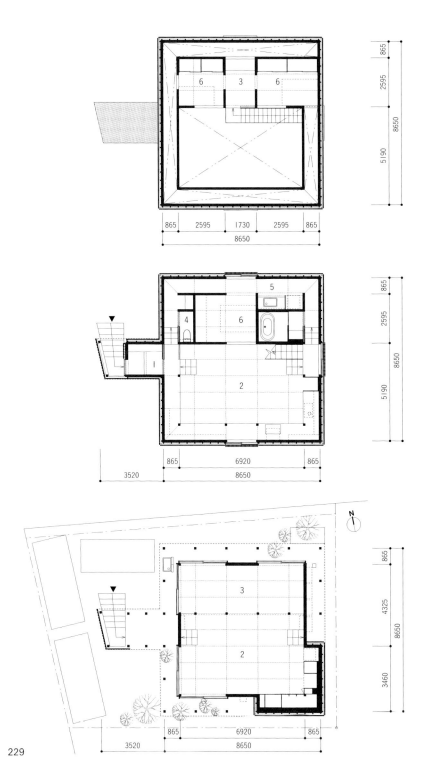

実相寺 毘沙門堂

設計協力	ワークショップ 安江一平
施工	クレバ建築工房 紅林久雄・安曇公司（建築工事）
	山脇豊左官 山脇豊（別途左官工事）
	飯沼克起家具製作所 飯沼克起（別途家具工事）
	金森正起（別途金物工事）
	庭アトリエ 金子達郎・金子周代（別途作庭工事）
	ishisone design 石曽根昭仁（サイン）
建物用途	寺院
構造・規模	木造平家建て
敷地面積	179.23m²
建築面積	49.00m²
延床面積	39.55m²
設計期間	2014.09 ～ 2015.07
施工期間	2015.08 ～ 2016.04

1. ホール
2. 読経台
3. シャワールーム
4. WC
5. 仮眠室
6. 収納室

断面図　S=1/100
配置図　S=1/300
平面図　S=1/100

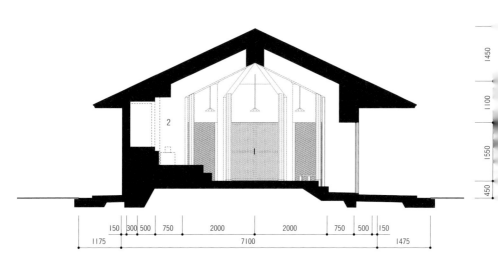

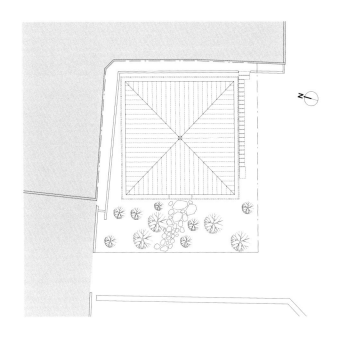

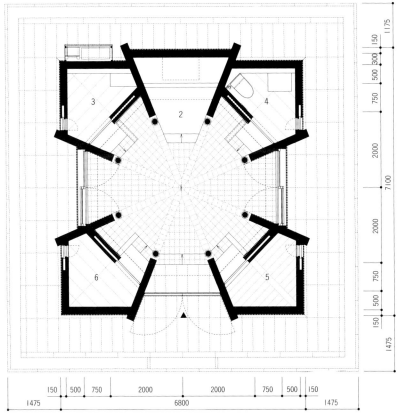

富士南麓の家

設計協力	高橋俊也構造建築研究所 高橋俊也
施工	匠工務店 寺尾英明・古谷悠貴（建築工事）
	山脇豊左官 山脇豊（別途左官工事）
	金森正起（別途金物工事）
	岡部工業所 佐々木俊夫（別途ストーブ工事）
建物用途	専用住宅
構造・規模	木造2階建て
敷地面積	298.05m²
建築面積	48.60m²
延床面積	85.05m²
設計期間	2017.01 ～ 2018.01
施工期間	2018.02 ～ 2018.10

1. エントランス・ホール
2. 主寝室
3. サニタリースペース
4. 収納室
5. ダイニング・キッチン
6. リビング

断面図　S=1/150
配置図　S=1/400
平面図　S=1/150

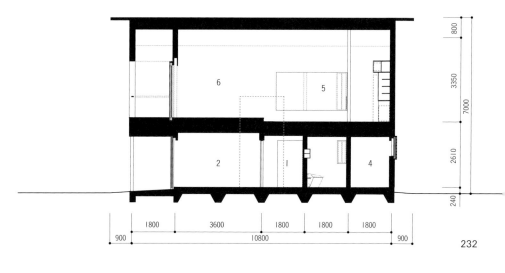

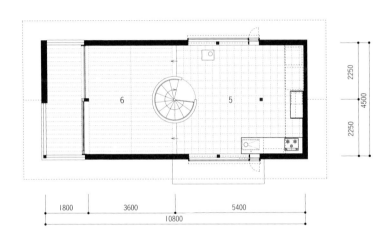

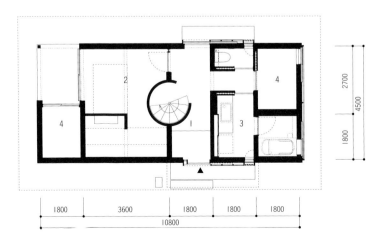

西千代田町の家

設計協力	高橋俊也構造建築研究所 高橋俊也
施工	桑髙建設 桑髙弘城・朝比奈文也（建築工事）
	飯沼克起家具製作所 飯沼克起（別途家具工事）
	金森正起（別途金物工事）
	庭アトリエ 金子達郎・金子周代（別途作庭工事）
建物用途	専用住宅
構造・規模	木造2階建て
敷地面積	131.13m²
建築面積	58.32m²
延床面積	116.64m²
設計期間	2019.06 〜 2020.09
施工期間	2020.10 〜 2021.12

1. 土間
2. サニタリースペース
3. ダイニング・キッチン
4. フリースペース
5. ロフト

断面図　S=1/150
平面図　S=1/150

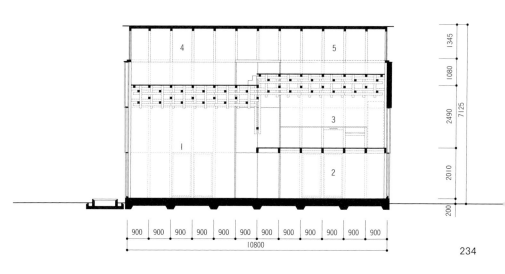

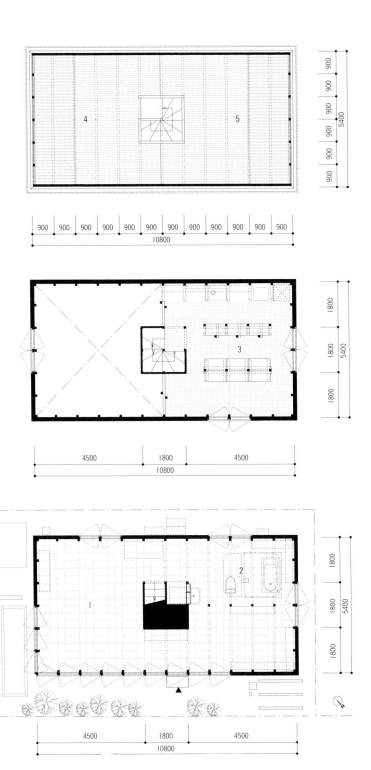

おわりに

　一冊の本をつくる機会をいただけたことで、いままでの思考を改めて振り返ることができた。完成した本を閉じて自分の中にあるものは、一巡してまた思考のはじまりに戻ってきたという感覚である。はじまりといってもまったく同じ場所というわけではなく、ひとつながりの螺旋の環を進み、別次元の同じ場所に辿り着いたというのがもっともしっくりくる。

　自分という存在のすべてを言葉だけで説明することはできない。それは建築にも同じことがいえる。だからこそ、言葉で説明し共有することの重要性と、感情や感覚から得ることの重要性が同時に存在する。もしかするとそれは当たり前のことなのかもしれないけれど、10年間の建築の思考を通じて、ようやくそのことが腑に落ちたように思う。
　ささやかなものへの思考は、私たちが存在することの原初に立ち返るプロセスだと考えている。それは個人や集合体の内に閉じることも、建物の用途に左右されることもなく、建築を取り巻くすべてに生命を与えてくれるものである。

窓から見えるまちの風景、いつもの散歩道、ある季節にだけ実る果実の香り、壁に貼られた子どもの絵、お揃いの食器、決まって腰かける公園のベンチ、まちかどにある大きな金木犀……。人が大切にしていることはそれぞれ違うけれど、ささやかなものの根底には、誰もが直観的に理解することのできる共通感覚が含まれている。

　そこに在るささやかなものと、共有可能なさまざまな要件とを等価に編み込んだ建物（構築体）が、建築というひとつの意志として開かれ、私たちの感情を喚起する。その単純ともいえる驚異のきっかけを、これからも求め続けたいと思っている。

—

　この本をつくるきっかけとともに、レスポンスの遅い私たちの意を汲んで根気強く編集いただいたオーム社の三井渉さん、私たちの稚拙なレイアウトを尊重しながら、素晴らしいデザインにまとめあげていただいた石曽根昭仁さんに感謝申し上げます。

　そして、設計のご依頼をいただいたクライアントの皆さま、施工などさまざまな形でかかわってくれた皆さまにお礼申し上げます。また、中心となってレイアウトや資料を制作してくれたスタッフの本田圭くん、いままでの設計活動をずっと支えてくれている妻の千紗子と子どもたちに感謝いたします。

山田 誠一

写真撮影	小川重雄
	p.10：『国宝・閑谷学校│Timeless Landscapes 1』（millegraph、2017 年）所収

Motohiko David Suzuki
p.11

川辺明伸
p.12 / p.17 / p.18 / p.21 / p.23 / pp.26-27 / pp.43-47 / pp.50-51 /
pp.58-59 / pp.68-69 / pp.72-76 / pp.79-80 / pp.82-83 / p.89（上下）/
pp.92-93 / pp.97-100 / pp.104-105 / pp.110-111（上下）/ p.113（上下）/
pp.115-116 / pp.118-121 / pp.156-157 / pp.166-168 / pp.170-173 /
pp.176-179 / pp.185-192 / p.195（上下）/ p.197（上下）/ p.199（上下）/
p.201（上下）/ pp.202-207 / p.209 / pp.214-215 / p.218 / p.222 / p.224 /
p.226 / p.228 / p.232 / p.234

山内紀人
p.29 / pp.38-41 / pp.132-133 / p.137 / pp.142-145 / pp.150-153 /
p.220 / p.230

飯沼克起
p.134 / p.135

＊特記以外の写真は山田誠一建築設計事務所提供による。

図版作成	山田誠一建築設計事務所
	（図面・スケッチ・ドローイング含む）

デザイン	石曽根昭仁 ［ishisone design］

著者略歴　　　山田 誠一（やまだ せいいち）

山田誠一建築設計事務所｜ SEIICHI YAMADA AND ASSOCIATES　主宰
1978年生まれ。静岡県出身。
地方ゼネコンにて勤務後、設計事務所勤務を経て
2011年　山田誠一建築設計事務所設立

Process of the Works 住宅の設計方法

2022 年 11 月 20 日　　第 1 版第 1 刷発行

著　　者　山田誠一
発 行 者　村上和夫
発 行 所　株式会社 オーム社
　　　　　郵便番号　101-8460
　　　　　東京都千代田区神田錦町 3-1
　　　　　電話　03(3233)0641(代表)
　　　　　URL　https://www.ohmsha.co.jp/

© 山田誠一 2022

印刷　三美印刷　　製本　牧製本印刷
ISBN978-4-274-22970-1　Printed in Japan

本書の感想募集　https://www.ohmsha.co.jp/kansou/
本書をお読みになった感想を上記サイトまでお寄せください。
お寄せいただいた方には、抽選でプレゼントを差し上げます。